novum pro

AF164772

Josef Rothwein

Erlebte Schule –
Opfer und Täter

Ein Leben als Schüler,
Lehrer und Schulleiter

novum pro

www.novumverlag.com

Bibliografische Information
der Deutschen Nationalbibliothek:

Die Deutsche Nationalbibliothek
verzeichnet diese Publikation in
der Deutschen Nationalbibliografie.
Detaillierte bibliografische Daten
sind im Internet über
http://www.d-nb.de abrufbar.

Alle Rechte der Verbreitung,
auch durch Film, Funk und Fernsehen,
fotomechanische Wiedergabe,
Tonträger, elektronische Datenträger
und auszugsweisen Nachdruck,
sind vorbehalten.

© 2016 novum Verlag

ISBN 978-3-99048-592-7
Lektorat: Christine Schranz
Umschlagfoto:
Hugolacasse | Dreamstime.com
Umschlaggestaltung, Layout & Satz:
novum Verlag

Gedruckt in der Europäischen Union
auf umweltfreundlichem, chlor- und
säurefrei gebleichtem Papier.

www.novumverlag.com

Inhaltsverzeichnis

Vorwort 9
Was mich geradezu drängte,
dieses Buch zu schreiben 12
Meine erlebnisreiche Volksschulzeit 22
Das Gymnasium –
eine Bildungsstätte der Bewährung 36
In der Ferienzeit Leiharbeiter 51
Vier Jahre Landesschülerheim –
vier Jahre gestohlene Kindheit 56
Die Lehrerbildungsanstalt –
ehrwürdig, verstaubt und stockkonservativ 72
   Allgemeines 72
   Die Lehrerbildner 77
   Die schulpraktische Ausbildung 99
Die ersten Dienstjahre – wolkig bis heiter 105
   Mein erster Dienstposten – ein Horror 105
   Ein neues, bundeseinheitliches
   Dienstrecht für die Lehrer 117
10 Jahre Schulleiter an einer
Landschule – Freude an Gestaltung 121
   Bald im Dorfleben verankert 121
   Neues Schulunterrichtsgesetz –
   Erziehungsmittel 133
25 Jahre Schulleiter an einer
Kleinstadtvolksschule 138
   Parteipolitisches Gerangel um die
   Leitung der Schule 138
   Ein wenig erfreulicher Start 139

Bemerkungen zum Religionsunterricht 147
Erste interessierte Hinwendung zur Philosophie,
daraus resultierende Reflexion meiner Unterrichtstätigkeit
in den anfänglichen Berufsjahren sowie erste Versuche
alternativer Unterrichtsgestaltung 150
Neue Mathematik („Mengenlehre"), die große
Verweigerung durch die Grundschullehrer.............. 160
Der amerikanische „Sputnikschock" bescherte uns
den streng geplanten lernzielorientierten Unterricht 165
Der Unterricht der letzten Jahrzehnte bis heute:
kopflastig, unter sträflicher Vernachlässigung des
körperlichen Persönlichkeitsbereiches –
kaum Änderung in Sichtweite 167
Die Erstellung eines Schulleitbildes – ohne gravierende
Änderung der Strukturen und eine Reform der
Pflichtschullehrerausbildung ein wertloses Stück Papier 175
Wie soll es weitergehen? Ein Blick in die Zukunft 180
Das Problem des Repetierens und meine Forderung
nach Abschaffung der Schulnoten an der Grundschule 180
Einige Vorschläge zur grundlegenden Umgestaltung der
Organisation der österreichischen Schullandschaft
sowie der Dienstzeit der Lehrer 184

Der Segen der Welt ist gebildete Menschlichkeit.

Heinrich Pestalozzi

VORWORT

Ich wollte dieses bereits im fortgeschrittenen Stadium befindliche Buch nicht mehr zu Ende schreiben. Warum tue ich es trotzdem? Die Gründe, die ursprünglich maßgeblich und für mich von Bedeutung waren, es zu verfassen, werden in der Einleitung ausführlich dargestellt. Ich konnte mich aber nicht dazu durchringen, es fertig zu stellen, denn ich war mir nicht sicher, ob es für einen Leser von Bedeutung und Interesse sein könnte, ein Buch über subjektive Erlebnisse und Wahrnehmungen eines Lehrers ohne primär pädagogisch-wissenschaftlich fundierte und formulierte Inhalte zu lesen. Ein solches Buch mit ähnlichem Inhalt wie meines könnten zahllose Lehrer schreiben, dachte ich resignierend, und hatte die schon weit gediehene Niederschrift bereits beiseite gelegt, bis das im Folgenden geschilderte Erlebnis den entscheidenden Anstoß zur Finalisierung meines Vorhabens gab.

Drei ehemalige Schüler, stattliche junge Burschen um die 25 Jahre, gaben mir wieder Motivation und Mut, meine „pädagogisch orientierte Autobiografie", wie ich das Schriftstück gerne nenne, doch noch zu einem Ende zu bringen. Es war ein Erlebnis, das mir zeigte, dass man als Lehrer den Unterricht trotz Leistungsanforderung und durchaus autoritär orientiert menschlich gestalten konnte und von vielen ehemaligen Schülern lange nach deren Schulzeit noch Anerkennung und Wertschätzung erfährt.

Meine Frau und ich saßen eines Abends mit Freunden im Gastgarten einer Buschenschänke – in Wien, Niederösterreich und im Burgenland werden diese Weinschänken Heurige genannt –, als plötzlich eine Schar mehr grölender als singender und durch Alkoholkonsum schon entsprechend angeheiterter Burschen den Garten betrat und sich an einem größeren Tisch unweit unseres

Platzes niederließ. Wie uns der Wirt auf unsere Frage hin mitteilte, kämen sie gerade von einem gewonnenen Fußballmeisterschaftsspiel und jetzt werde noch weitergefeiert. Der durch die ausgelassene Burschenrunde ausgelöste Lärmpegel stieg im Gastgarten fast ins Unerträgliche und wir beschlossen, unsere Getränke noch auszutrinken und dann die Buschenschänke zu verlassen.

Da erhoben sich vier Burschen, welche immer wieder zu uns herübergeschaut hatten, von ihren Sesseln und steuerten geradewegs mit schon leichter Schlagseite, aber doch um einen sicheren Gang bemüht, auf unseren Tisch zu. Als sie vor uns standen, gaben sie sich große Mühe, trotz wackeliger Beine eine korrekte Haltung einzunehmen. Während der vierte etwas Abstand hielt, reichten die ersten drei meiner Frau und mir höflich die Hand und fragten leicht lallend in gespannter Erwartung, ob wir sie noch erkennen würden, denn sie wären nämlich einmal unsere Schüler gewesen. Wie riesengroß, geradezu kindhaft entzückt, war ihre Freude, als wir sowohl ihren Vor- als auch Nachnamen nannten.

„ M i c h kennt er noch, nach fast fünfzehn Jahren!", rief der eine sichtlich überrascht und aus dem anderen brach es staunend heraus: „ M e i n Direktor weiß auch noch, wie i heiß. Das gibt's ja gar nicht. Du warst ... Entschuldigung! Sie waren der coolste Lehrer, den i je gehabt hab." Und der dritte Bursche, der vier Jahre in der Klasse meiner Frau verbracht hatte, fiel ihr sogar um den Hals und jubelte: „Endlich treffe ich m e i n e Lehrerin wieder! Nach so vielen Jahren."

Natürlich ergab sich ein ausgelassenes, heiteres Gespräch mit dem Austausch vieler Erinnerungen, welche ich hier nicht wiedergeben möchte. Leid tat mir der vierte junge Mann, welcher bedauernd meinte:

„Leider hatte ich keine so schöne Volksschulzeit. Die Buben mochte unsere Lehrerin fast alle nicht. Außerdem war sie immer schlecht gelaunt und wir mussten das oft büßen. Ein Fußballspielen kam überhaupt nicht in Frage. Wenn wir beim Turnen zu ausgelassen umhertollten oder zu laut waren, gab es für den Rest der Stunde Stillsitzen in der Garderobe. Und Schwimmunterricht hielt sie überhaupt keinen, weil sie selbst nicht schwimmen konnte. Ich erinnere mich ganz und gar nicht gerne an meine gesamte Schulzeit. Bei Ihnen durfte ich in der Schulmannschaft mitspielen und ich freute mich auf jedes Training."

Das uns begleitende Ehepaar war bass erstaunt ob dieser spontanen Freudenkundgebungen und positiven Erinnerungen unserer drei Schüler, die übrigens alle maturiert hatten und von denen einer sein Studium auch schon beendet hatte. So etwas hatten unsere Freunde noch nie erlebt. Für mich war dieses Zusammentreffen die auslösende Motivation, mein schon lange begonnenes Buch nun doch noch zu finalisieren.

WAS MICH GERADEZU DRÄNGTE, DIESES BUCH ZU SCHREIBEN

Schulpolitische Missstände, persönlich Erlebtes und auch Erlittenes veranlassten mich, dieses Buch über die dreiundfünfzig Jahre, die ich in Schulen – zuerst als Schüler, später als Lehrer und über 30 Jahre auch als Schulleiter – zubrachte, zu verfassen. Ein Grund ist die schon über Jahrzehnte hindurch sporadisch immer wiederkehrende, von völlig unkompetenten Politikern und auch sogenannten Experten geführte Bildungsdiskussion, welche jedes Mal nach den katastrophalen Ergebnissen der PISA-Studie (PISA = **P**rogramme for **I**nternational **S**tudent **A**ssessment) ausgelöst wurde. Fazit dieser standardisierten Leistungsmessung der Schüler/Innen – in der Folge gilt für beide Geschlechter nur die maskuline Form *Schüler* – der OECD-Länder ist: Österreich befindet sich auf dem besten Weg, ein Bildungsentwicklungsland zu werden. Die Gründe dafür sind vielfältig. Einige maßgebende möchte ich in dieser Einleitung anführen.

Der Hauptgrund ist wohl die Tatsache, dass grundlegende Schulgesetze im Verfassungsrang stehen und daher im Parlament nur mit einer Zweidrittelmehrheit beschlossen werden können. Sie können demnach nur schwer an gesellschaftliche Veränderungen wie z. B. die Berufstätigkeit beider Elternteile oder Alleinerziehender, veränderte Lebensgewohnheiten, die Integration von Immigrantenkindern, aber auch die immer größer werdende Dominanz der elektronischen Medien angepasst werden. Diese und andere Umstände würden generell für alle Schüler eine Ganztagsschule erfordern, welche die ideologisch rechtslastigen Parteien kategorisch ablehnen. In ihren politischen Vorstellungen herrscht noch das konservative Familienbild vor, wonach der Mann für die Lebensgrundlage seiner Familie sorgen solle, während die Frau für den Haushalt und die Kindererziehung zuständig sei.

Eine ganztägige Schulform könnte auch die erschreckenden Bewegungsdefizite der Jugend ausgleichen helfen. Die Olympischen Spiele 2012 in London, bei welchen die österreichischen Olympioniken ohne Medaillen blieben, hat, wie auch bei den vielen sportlichen Misserfolgen üblich, eine öffentliche Diskussion vor allem über den Schulsport ausgelöst. Sofort wurde in völliger Verkennung der zeitlichen und lokalen Ressourcen von den Politikern, beraten von selbst ernannten Experten, publikumswirksam die tägliche Turnstunde gefordert. Geschehen ist dahingehend nichts, das Thema samt Ganztagsschule schon wieder sanft entschlafen.

Weiters böte die Einführung einer gemeinsamen Schule der Zehn- bis Vierzehnjährigen (Gesamtschule) viele pädagogische Vorteile und würde soziale Unterschiede in unserer Gesellschaft ausgleichen helfen. Gerade noch zu einem Schulversuch für fünfzehn Prozent der Schulen eines Bundeslandes konnte man sich durchringen. Das Ergebnis dieser schlecht durchdachten Maßnahme ist, dass in den größeren Städten und dort, wo sich eine Langform des Gymnasiums befindet, die Eltern ihre Kinder fast ausschließlich in diese schicken. Die sogenannte Neue Mittelschule – als Aufwertung der Hauptschule gedacht – hat sich aus demselben Grund als Rohrkrepierer herausgestellt.

Leider entstanden und entstehen die Gesetze in Österreich durch fadenscheinige, ideologisch argumentierte Kompromisse, die fast immer mit einem fragwürdigen „Kuhhandel" verbunden wurden bzw. heute noch werden. Die Novellierung des Schulorganisationsgesetzes zu Beginn meiner Lehrerlaufbahn Anfang der Sechzigerjahre war so ein unseliger Konsens, an dem unser Schulsystem im Pflichtschulbereich noch heute laboriert: Die konservativen Rechten wollten – vollkommen zu Recht, wie es sich später herausstellen sollte – die fünfjährige Grundschule, die Linken legten sich auf den Polytechnischen Lehrgang als neuntes Schuljahr fest und verknüpften ihre Forderung mit der Zustimmung zum Konkordat, welches dem Koalitionspartner in der gemeinsamen Regierung ein wichtiges Anliegen war. Die Linken setzten sich im Bildungsbereich durch und schufen damit einen Schultyp, welcher von der Bevölkerung nie wirklich angenommen wurde.

Heute zeigt es sich, dass eine Verlängerung der Schuleingangsphase – in welcher Form auch immer – für die weitere Schullaufbahn aller Kinder von eminenter Wichtigkeit gewesen wäre. Mit der Einführung eines Pflichtkindergartenjahres für alle Fünfjährigen wird jetzt endlich der richtige Weg beschritten, doch sind sich die Parteien über die Finanzierung noch nicht einig, da in allen Gebietskörperschaften das Diktat der leeren Kassen herrscht und weder Bund, Länder noch Gemeinden Kompetenzen abgeben möchten.

Der große Wurf einer Schulreform, nämlich die gemeinsame Schule der Zehn- bis Vierzehnjährigen, wie sie in fast allen europäischen Ländern mit Erfolg praktiziert wird, scheiterte bisher an der ideologischen Sturheit und bildungspolitischen Inkompetenz der konservativen rechten Politiker. Außerdem ist in deren Köpfen der Zugang zu höherer Bildung noch immer ein Privileg, welches in erster Linie ihren sozial bessergestellten Wählerschichten vorbehalten sein solle.

Genauso uneinsichtig zeigen sich die Rechten in der Frage des Repetierens: Sie nehmen noch immer in Kauf und finden es menschlich, sozial und wirtschaftlich in Ordnung, dass ein Schüler wegen ein oder zwei im Jahreszeugnis negativ beurteilter Gegenstände auch die positiv absolvierten wiederholen muss und damit ein ganzes Jahr verliert. Es wäre auch dringend an der Zeit, für die Oberstufe der höheren Schulen über ein Kurssystem nachzudenken, dann könnte mit einem Schlag das Problem des Sitzenbleibens obsolet sein.

Bevor diese Reformen in Angriff genommen werden, sollten kompetente und angesehene Wissenschafter sowie Schulpraktiker in Verbindung mit einer weitgehend ideologiefreien, öffentlichen Diskussion die Inhalte eines von einer breiten Bevölkerungsmehrheit akzeptierten Bildungsbegriffes festschreiben. Jeder stellt sich unter Bildung etwas anderes vor. Denn nur wer genau weiß, wohin er will, der kommt auch dort an. Das Bildungsvolksbegehren im Jahre 2013 ist maßgebend auch gescheitert, weil es von ausgedienten Politikern und Funktionären, welche vor allem wirtschaftliche Interessen im Auge hatten, initiiert wurde. Was kann man sich von einem ehemaligen Finanzminister und damals noch „Leider-nein-Millionär" – das hat sich in der Zwischenzeit geändert – erwarten als eine Umgestaltung des gesamten Bildungssystems in Hinblick auf eine wirtschaftsorientierte Leistungsgesellschaft?

Doch die beste Schulorganisation steht und fällt mit den fachlichen und pädagogischen Qualifikationen und Fähigkeiten der in den Klassen stehenden Lehrer. Ich erlebte als Praxisbetreuer und auch als Schulleiter, wie in der Zeit des Lehrermangels – und auch noch lange danach – jede Maturantin und jeder Maturant ohne entsprechende tiefgreifende Selektion in die damals neu geschaffene Pädagogische Akademie – seit Kurzem Pädagogische Hochschule – aufgenommen wurden. Nach ihrer Ausbildung hatten sie zwar ein Lehramtszeugnis in der Hand, waren aber sowohl pädagogisch als auch fachlich vor allem für den Musik- und Turnunterricht oft heillos überfordert und konnten daher für wichtige Aufgaben wie den Schwimmunterricht, das Geräteturnen, die Betreuung einer Fußballmannschaft, die Leitung einer mehrtägigen Schulveranstaltung mit sportlichen Schwerpunkten usw. nicht eingesetzt werden. Neben den genannten fachlichen Kompetenzen mangelte es bei nicht wenigen auch an der „rationalen Autorität" (E. Fromm) zur Aufrechterhaltung der für ein gedeihliches Unterrichten notwendigen Disziplin.

Ganz arg war es um die musikalischen Fähigkeiten vieler Absolventen bestellt. Nicht wenige äußerten bereits zu Dienstbeginn den Wunsch, nicht Musikerziehung unterrichten zu müssen. Die Leitung eines Schulchores käme erst recht nicht in Frage. Von diesen Problemen und was sie für einen gedeihlichen Unterricht bedeuteten, werde ich in meinen persönlichen Erlebnissen als Schulleiter berichten.

Doch nun zu einem nicht minder wichtigen Grund, dass ich dieses Buch schreibe: Es ist mir nämlich ein großes B e d ü r f n i s , meine Erlebnisse und Eindrücke über die mehr als fünf Jahrzehnte in Schulen zugebrachte Zeit niederzuschreiben. Zuerst die Erfahrungen als Schüler, dann die als Lehrer und schlussendlich noch das zusätzlich zur Unterrichtstätigkeit als Schulleiter in insgesamt 40 Dienstjahren gesammelte Know-how.

Vor allem meine Zeit als Lernender, als Schüler, war der prägende Teil meines Lebens. Sie hinterließ tiefe, unverwischbare Spuren: Ich habe heute in meinem Ruhestand noch sehr häufig Albträume, die mich in manchen Nächten verfolgen, sodass ich wegen schulischen Versagens in Schweiß gebadet aufwache. Dabei war ich immer ein recht guter Schüler und gehörte meistens zu den besten. Es gibt mir ganz einfach zu denken und bedrückt mich noch immer, dass, wenn ich meine Ausbildungszeit zum Lehrer Revue passieren lasse, eine im alltäglichen Leben fest verankerte und für unsere Gesellschaft segensreiche Bildungsinstitution, wie es die Schule nun einmal unwidersprochen ist, viele Menschen in ihrer Persönlichkeitsentwicklung so nachhaltig – leider nur zu oft negativ – prägen und irreparable Schäden verursachen kann. Hoffnungen einer Unzahl junger Menschen wurden zerstört, Lebenswege in eine nicht erwünschte Richtung gezwungen und dadurch lebenslange Frustrationen und sogar Traumata hervorgerufen. Welcher psychische Druck muss da jahrelang von Lehrern und Erziehern, sogenannten Pädagogen, auf mich, aber auch auf zahllose weitere junge Menschen ausgeübt worden sein? Wie viele Angstzustände und Enttäuschungen haben trotz bester Bemühungen und Vorbereitung negative Ergebnisse bei Prüfungen, Tests und Schularbeiten, aber auch überraschende, aggressive Fragen, demütigende oder geringschätzende Äußerungen oder auch bloß abwertende Gesten im Laufe der Schulzeit bei zahllosen Schülern ausgelöst? Ein Fehler bei einer Schularbeit zu viel konnte eine angestrebte Berufslaufbahn und damit ein ganzes Leben verändern und sogar zerstören.

Oft bin ich in meinen Träumen bei mündlichen Leistungsfeststellungen schon durchgefallen oder es fehlte mir auf eine positive Note auf eine schriftliche Arbeit nur ein Punkt bzw. es war ein Fehler zu viel für das so wichtige Genügend. Im Schlaf trat ich zu meiner Reife- und Lehrbefähigungsprüfung schon ungezählte Male erfolglos an. Erst das Erwachen befreite mich von der Enttäuschung und der Angst um meine berufliche Existenz.

Zahlreich sind auch die Träume davon, dass ich meine Schullaufbahn hatte abbrechen müssen, da ich um einen Zehntelpunkt die Bedingung für die Zuerkennung der auf dem Weg zur Lehramtsprüfung überlebenswichtigen Heimbeihilfe seitens des Landes verfehlt hatte.

Da ich aus materiell sehr bescheidenen Verhältnissen stamme – meine Mutter war als Kriegerwitwe Mindestrentnerin und verdiente durch Gelegenheitsarbeiten bei Bauern nach dem Krieg diverse zum Überleben dringend notwendige Naturalien dazu –, war ich gezwungen, einen gewissen Notendurchschnitt zu erbringen. Daher stand ich dauernd unter einem Leistungsdruck. Diese Bedingungen schaffte ich auch immer, sonst hätte ich meine Ausbildung beenden müssen. Nicht wenige meiner Mitschüler mussten ihr Berufsziel aufgeben, da wegen der Nichterbringung dieser Voraussetzungen ihre Eltern das Heimgeld nicht bezahlen konnten. Einige von ihnen wären sicherlich gute und vor allem menschliche Lehrer geworden. Die Matura als positiver Abschluss der Lehrerbildungsanstalt (LBA) war damals gleichgesetzt mit der Befähigung, an einer allgemeinbildenden Pflichtschule (Volksschule-Grundstufe, Volksschuloberstufe) zu unterrichten. Ebenso erlangte ich damit auch die Hochschulreife oder hätte im öffentlichen Dienst eine für die damalige Zeit doch sichere Beamtenlaufbahn einschlagen können.

Diese bis heute nicht vergessenen, wie in Stein gemeißelten und mein ganzes Leben nachhaltig prägenden Eindrücke von zynischen Lehrern und Erziehern sowie sadistisch angelegte Prüfungen und auch die derzeitige, von den maßgeblichen Politikern parteipolitisch orientierte, erbärmlich geführte Schuldebatte waren ebenfalls wesentliche Beweggründe für mich, die folgenden Erlebnisse niederzuschreiben.

Denn ich meine, dass sich an der Bildungsinstitution Schule seit meiner Schulzeit nicht viel geändert hat, aber ändern müsste, wie ich bereits andeutete. „Non scholae sed vitae discimus" *(Nicht für die Schule, sondern für das Leben lernen wir)* war einer der ersten lateinischen Sprüche, welcher uns Schülern immer wieder eingebläut wurde. Doch je länger ich in die Schule ging, desto mehr verstärkte sich in mir das Gefühl, dass es eigentlich heißen müsste: „Non vitae sed scholae discimus" *(Nicht für das Leben, sondern für die Schule lernen wir)*. Schon 1836 schrieb der schlesische Provinzialschulrat Scheibert: „Ein Schüler will ja nicht wissen, um zu wissen, sondern um ein Examen zu machen." (Oblinger, Theorie der Schule, 1979; 104)

Und dieses Gefühl wurde zur Gewissheit und Überzeugung, nachdem ich die Schulzeit meiner eigenen Kinder – vor allem im Gymnasium – miterleben und des Öfteren auch mit -erleiden musste. Gelernt haben sie fast ausschließlich für die nächste Schularbeit bzw. Prüfung, denn diese waren laut Schulunterrichtsgesetz vorher anzukündigen. Und meine Enkelkinder erleben derzeit dasselbe: Vor jeder Schularbeit bzw. Prüfung – da ja terminlich festgelegt – ist in deren Familien oft die Hölle los. Kaum jemand ist ansprechbar, alle legen ein überreiztes Verhalten an den Tag. Vater und Mutter einschließlich der Großeltern pauken, sofern sie noch über das notwendige Wissen verfügen und es die Berufsarbeit zulässt, mit ihren Sprösslingen. Nicht einmal zum gemeinsamen Essen hat die Familie mehr Zeit.

Ich musste zu meiner Schulzeit im Gymnasium immer vorbereitet sein und wusste nie, wann ich geprüft wurde. Trotz dieser belastenden Ungewissheit war dies damals meines Erachtens von Vorteil, weil sich die Lerninhalte durch den Zwang zur ständigen, regelmäßigen Wiederholung und zum dauernden Vorbereitetsein nachhaltiger in meinem Kopf einprägten. Außerdem wurde es mir zur Gewohnheit, im Unterricht genau aufzupassen und entsprechend mitzuarbeiten, soweit dies beim damaligen, beinahe ausschließlich dozierenden Frontalunterricht und der hohen Schülerzahl in den Klassen überhaupt möglich war. „Repetitio est mater studiorum" *(Das Wiederholen ist die Mutter des Lernens)* war für uns damals die zeitgemäße Zauberformel für ein regelmäßiges, kontinuierliches und auch nachhaltiges Lernen. Ein Wiederholen und Üben mit dem Lehrer während der Unterrichtszeit in der Schule gab es damals überhaupt nicht. Und heute ist es nicht anders oder nur unzureichend, obwohl dies das derzeitige Schulunterrichtsgesetz verbindlich vorschreibt. Mit der mehr oder minder methodisch kompetenten Vermittlung und dem Prüfen des vorgetragenen Stoffes sowie dem Korrigieren der Schularbeiten ist die Unterrichtstätigkeit der meisten Lehrer beendet.

Nur die Volksschule bildete in meiner Zeit als Schüler und Lehrer eine rühmliche Ausnahme. Leider wird heutzutage sogar im Grundschulbereich auf die quantitative Vermittlung von Inhalten weit mehr Wert gelegt als auf das wichtige – in diesen Schuljahren spielerische, kindgemäße – Wiederholen und Üben. Die aktuelle PISA-Studie beweist, dass sich die österreichische Schule in den letzten Jahrzehnten kaum weiter entwickelt hat. Ich bin sogar der Meinung, dass vor allem die Qualität und Nachhaltigkeit des Wissens eher geringer wurden und sich die Stofffülle, die den Schülern vermittelt wird, überdimensional erweiterte. Bleibendes Wissen bzw. Können der Schüler verhalten sich demnach folgerichtig umgekehrt proportional zur dargebotenen Stoffmenge.

Ich bin mir im Klaren, dass in meine Ausführungen auch nicht wenige Gedanken und Überlegungen einfließen, die mir erst im Nachhinein bewusst wurden, als ich durch meinen Erfahrungsschatz als Lehrer begann, meine Erlebnisse als Schüler zu reflektieren und zu analysieren. Diesen Einfluss versuche ich aber in diesem Buch weitgehend zu vermeiden. Doch kann ich nicht umhin, Praktiken aufzuzeigen, welche sich seit Maria Theresias Zeiten in unseren Schulen nicht verändert haben. So gibt es wie ehedem vor allem in den höheren Schulen nur ganz wenige Lehrer, die bei Prüfungen wissen wollen, was der Schüler wirklich weiß, sondern sie bohren so lange, bis sie auf eine Wissenslücke stoßen. Daran klammern sie sich fest und lassen keinen Delinquenten – und ich hatte bei Prüfungen immer das Gefühl, Angeklagter zu sein – mehr aus. Nicht das Wissen, sondern das Nichtwissen wurde in meiner Schulzeit in den höheren Schulen die Grundlage der Beurteilung. Und bis heute hat sich an dieser Praxis der mündlichen Leistungsfeststellung kaum etwas geändert.

Ich hatte also, so weit es möglich war, in diesem Buch die Absicht, retrospektiv ausschließlich meine damaligen Eindrücke und

Befindlichkeiten zu Papier zu bringen, die ich selbst als Schüler erlebt hatte. Ich beabsichtigte damit – darum bezeichne ich es auch als „Schulabschnittsbiografie" – lediglich, meine Schullaufbahn subjektiv nachzuvollziehen, soweit ich mich daran noch genau erinnern kann. Dabei war es für mich in erster Linie von Bedeutung, anhand meiner Erlebnisse das gesamte Schulsystem und dessen Entwicklung, aber auch die jetzige, schon lange währende Stagnation in der Schulpolitik aufzuzeigen. Dazu bemerkte ich bereits eingangs, dass ich immer ein eher guter Schüler war, und trotzdem wurde meine seelische „Festplatte" dermaßen überbelastet, dass sie immer wieder abstürzt, was sich noch heute, über fünfzig Jahre nach der Matura, in den bereits geschilderten Auswirkungen äußert. Diese Ansicht wurde durch einen Beitrag des wöchentlich erscheinenden Nachrichtenmagazins „profil" (Nr. 19, 44. Jg. vom 6. Mai 1913, Seite 80) bestärkt, woraus ich wörtlich zitiere: „*Stress- und Erschöpfungszustände schlagen immer früher zu. Jeder sechste Schulpflichtige leidet in Österreich an Einschlafschwierigkeiten, Gereiztheit, Angstzuständen oder Depressionen, wobei Angststörungen die am häufigsten diagnostizierten psychiatrischen Erkrankungen in dieser Altersgruppe sind. Derzeit erhalten in Österreich rund 8 100 Kinder und Jugendliche unter 10 Jahren Psychopharmaka, bei den Jugendlichen zwischen 10 und 19 Jahren sind es 26 000.Und dabei sind noch viele un- und unterversorgt.*"

Viele jüngere Menschen erzählen mir jetzt noch oft, wie sehr Schulstress und Angst vor manchen zynischen und sogar unmenschlich brutalen Lehrern ihr Leben nachhaltig prägten. Das geht bis hin zu unverhohlen ausgedrückten Hasstiraden. So sagte ein ehemaliger Schulabgänger der Volksschule-Oberstufe, die es seit über dreißig Jahren nicht mehr gibt, anlässlich eines Jahrgangstreffens seinem Lehrer und Peiniger, der auch Schulleiter war, respektlos und nicht gerade freundlich ins Gesicht: „Du hast manche von uns damals in der Oberstufe gequält und unterdrückt, als wären wir alle lauter Deppen, faule Hund' und Gauner gewesen. Tät i dir heut die Watschen und Prügel zurückgeb'n, die i damals von dir gekriegt hab, du würdest sie nicht überleben."

Der dritte Grund, dass ich dieses Buch begonnen habe, war eine erfreuliche Begebenheit. Ich unterrichtete als neunzehnjähriger Junglehrer im ersten Dienstjahr eine dritte Knabenklasse an einer kleinstädtischen Volksschule. Ich war voller Elan, hatte anscheinend ein gewinnendes Wesen, war – so schätze ich mich jedenfalls selbst ein – kaum launisch und gestaltete den Unterricht immer wieder mit einer Portion Humor. Ich war wahrscheinlich, wie ich später immer wieder von Schülern zu hören bekam, ein cooler Typ, bei dem es immer wieder Spaß gab. Außerdem war ich ein guter Sportler, was bei der Mehrzahl der Buben – in der Klasse waren ausschließlich Buben – gut ankam. Selbstverständlich gab es in den letzten zehn Minuten einer bewegungsintensiven Turnstunde ein kurzes Fußballmatch. Zum Abschluss durften sich alle Schüler ins Tor stellen, um einen von mir von der Sechzehnerlinie aus mit halber Kraft getretenen Freistoß zu halten. Wer imstande war, den Ball festzuhalten, erhielt von mir einen Schilling als Anerkennung der sportlichen Leistung.

Diese Geschichte, die ich schon längst vergessen hatte, erzählte mir ein damaliger Schüler, der einige Male in den Genuss der Erfolgsprämie gekommen war, und erwähnte so nebenbei, dass ich und meine Art zu unterrichten der auslösende Grund für seine Berufswahl zum Pflichtschullehrer gewesen seien. Einen schöneren Anreiz, ein Buch über ein langes Leben in der Schule zu verfassen, konnte ich mir nicht vorstellen. Der „Tatort Schule" hat allem Anschein nach doch noch sehr vielen Menschen auch Flügel verliehen und deren Leben positiv geprägt.

Meine erlebnisreiche Volksschulzeit

Die Volksschulzeit war für mich ein sehr schöner Lebensabschnitt. Ich besuchte eine nieder organisierte Volksschule (acht Schulstufen, aber nur drei Klassen) auf dem Lande. In den ersten vier Grundschuljahren (erste bis vierte Schulstufe) wurden im sogenannten Abteilungsunterricht die Schüler der ersten und zweiten Schulstufe zusammengefasst, in der zweiten Klasse die Schüler der dritten und vierten Stufe. Die erste und zweite Stufe bildeten demnach die erste Klasse, die dritte und vierte Stufe die zweite Klasse. Die Oberstufe (fünfte bis achte Schulstufe) besuchten in einer – nämlich der dritten – Klasse die Zehn- bis Vierzehnjährigen. Die erste und zweite bzw. die dritte und vierte Stufe wurden meistens von Lehrerinnen unterrichtet, die Oberstufe traditionsgemäß vom Schulleiter, der damals den Titel Oberlehrer trug. Bei entsprechendem Arbeitserfolg und auch altersbedingt wurde ihm der Berufstitel Volksschuldirektor verliehen.

Das Schulhaus lag auf einem kleinen Hügel über einem Fischteich. Die meisten umliegenden Ländereien sowie das Barockschloss gehörten der dort ansässigen Grafenfamilie, die in männlicher Linie Nachkommen der Kaisergattin Zita war, welche immer wieder im Schloss logierte. Das Schulgebäude stammte aus der Zeit der Wende vom neunzehnten zum zwanzigsten Jahrhundert, also noch aus der Monarchie.

Mein Großvater erzählte mir oft, dass er für das Fundament des Neubaus auf einem von seinen Ochsen gezogenen Leiterwagen große Felsbrocken aus Slowenien geholt habe. Ich glaube, die Ölböden stammten auch noch aus dieser Zeit. Geheizt wurde mit Holz in eisernen Rundöfen, um welche mit Kreide im Abstand von ca. einem Meter eine Sicherheitslinie gezogen war, welche nur die Heizer – vornehmlich Schüler aus der Oberstufe – in Ausübung ihrer verantwortungsvollen Arbeit übertreten durften. Wasserleitung gab es noch keine und die Wasserträger waren die Schülerinnen der Oberstufe. Sie brachten pünktlich vor dem Unterricht sowie in der großen Pause vom Brunnen im Hof in einer emaillierten Waschschüssel frisches Wasser zum Händewaschen und in einem Blecheimer Wasser zum Reinigen der nahe der Vorderwand frei im Raum stehenden Tafel. Oft wünschte ich mir, diese Tätigkeiten auch durchführen zu dürfen. Leider erreichte ich durch den Übertritt in das Gymnasium nie die Oberstufe. Damals gab es in meiner Schule, wie in fast allen Schulen und auch Wohnhäusern auf dem Lande, nur Plumpsklos – natürlich ohne Wasserspülung –, aus denen sich der Gestank oft im ganzen Gebäude ausbreitete und mich nicht selten schon in der Früh beim Betreten des Vorhauses empfing.

Der Weg zur Schule war ca. zweieinhalb Kilometer lang, den ich damals natürlich zu Fuß – von Mai bis Juli sogar bloßfüßig – zurücklegte und für welchen ich in der Früh eine Dreiviertelstunde, nach dem Unterricht aber oft bis zu drei Stunden benötigte. Denn der große Herrschaftswald – Zutritt natürlich strengstens verboten! – war für uns Kinder ein Eldorado für Abenteuer aller Art. Da die Söhne der gräflichen Familie sich verständlicherweise nicht an das Verbot halten mussten, aber Spielgefährten brauchten, waren für uns keine Grenzen gesetzt, um uns dort nach Lust und Laune zu vergnügen. Es gab kaum einen Baum, den wir nicht zu erklettern versuchten, kaum einen Fuchsbau, den wir nicht entdeckten, kein Eichhörnchen, das wir nicht kannten und kaum eine Quelle, aus der wir nicht köstliches, frisches Wasser tranken. Selbst die anliegenden Fischteiche waren vor uns nicht sicher, denn wer geschickt und mutig war, konnte sich sogar Prachtstücke von Karpfen aus den Höhlen der Uferböschung holen, die meistens aus Erlen und Kopfweiden bestand und dadurch auch befestigt war.

Ich muss zugeben, ich war immer zu feige, in eine Höhle zu greifen. Das bewahrte mich allerdings vor großer Unbill, da die Fischdiebe eines Tages beim Herrn Oberlehrer – das war damals, wie bereits erwähnt, der offizielle Amtstitel des Schulleiters –, einem kleinen, etwas cholerischen Mann, verpfiffen wurden und eine entsprechende Strafe dafür ausfassten. Und diese Strafe bestand nach den damaligen pädagogischen Gepflogenheiten aus Ohrfeigen, Knien auf der öligen Podiumskante oder mindestens eine Stunde länger in der Schule Nachsitzen. Weitere Erziehungsmittel, die auch mir manchmal in durchaus gerechter Weise zuteil wurden, waren noch Scheitelknien, Winkelstehen, an den Haaren und Ohren Gezogenwerden sowie Strafaufgaben wie z. B. hundertmaliges Schreiben von Sätzen folgender banaler Inhalte: „Ich darf den Unterricht nicht stören" oder „Ich muss während des Unterrichts besser aufpassen" oder „Ich darf nicht raufen und die Mädchen an den Zöpfen ziehen."

Ich war ein eher unruhiges, quirliges Kind. Eben ein kleiner Lausbub, der gerne bei jedem Unfug dabei war, und so wurden auch an mir nicht selten die genannten Erziehungsmaßnahmen exekutiert. Ich empfand diese Strafen aber niemals als ungerecht, sadistisch oder gar brutal, obwohl sie sicherlich körperliche Schmerzen bereiteten. Außerdem wurde jeder Bub – Mädchen wurden niemals physisch bestraft – als Held angesehen, dem keine Träne aus den Augen entwich. Leises Jammern und eine schmerzverzerrte Mimik waren erlaubt. Vor allem dann, wenn eine Lehrkraft die Ohren oder ein Haarbüschel spiralförmig drehte und dann nach oben zog. Es kam nicht selten vor, dass mancher Schüler dabei einige Haare einbüßte oder sich die Lauscher knallrot verfärbten. Sich zu Hause über die Lehrerin oder den Schulleiter ob der schmerzhaften Tortur zu beklagen, war undenkbar, denn da gab es höchstens noch eine Tachtel (Ohrfeige) von meiner Mutter als Draufgabe. Und wie hieß es dann immer so schön: „Du wirst die Schläge sicher verdient haben." Die schlimmste Strafe, die einem Buben aber widerfahren konnte, war, neben einem Mädchen sitzen zu müssen. Das war gegen jede Mannesehre und im höchsten Maße demütigend.

Ein Beispiel über Züchtigungspraktiken vor allem durch männliche Lehrpersonen – in diesem Falle durch unseren Schulleiter –, die ich aber heldenhaft und ohne Spätfolgen mühelos überstand, möchte ich hier anführen, weil sie mir für diese Zeit als gängiges Erziehungsmittel symptomatisch erschienen. Einige Male erzählte ich später, als ich schon Lehrer und auch Schulleiterkollege war, meinem Peiniger das folgende Erlebnis und wir lachten darüber herzhaft.

An einem heißen Junitag fuhren von Lehrern und auch einigen Eltern begleitet alle Schüler der Schule mit der Eisenbahn zum Zirkus Krone in die Landeshauptstadt. Der Anmarsch zum Bahnhof erfolgte natürlich zu Fuß und dauerte eine gute Stunde. Doch wurde die Mühsal durch die Erlebnisse des Tages bei Weitem entschädigt. Allein die Fahrt in den von einer mächtigen, dampfenden und fauchenden Lokomotive gezogenen Waggons war ein Erlebnis. Vor allem die vorbei fliegenden Bäume und Häuser kamen mir phantastisch und zugleich gespenstisch vor. Und erst die Zirkusvorstellung: Jongleure, Seiltänzer, Akrobaten, die durch die Luft wirbelten, sowie wagemutige Reiter und auch die Kunststücke der Pferde selbst, weiters die dressierten Elefanten und Löwen, kurzum alles hier Dargebotene, versetzten mich in unbeschreiblich großes Erstaunen. Auch ein Clown trat auf, der mich durch seine Tollpatschigkeit und seine Grimassen immer wieder spontan aufspringen und jubeln ließ, bis mir vor lauter Lachen Wasser in die Augen schoss. So etwas hatte ich vorher noch nie erlebt und auch später hinterließ keine Zirkusvorstellung mehr so intensive Eindrücke. Ich hatte ob meiner spontanen Begeisterung lange Zeit nachher noch die feste Absicht, als Jongleur zum Zirkus zu gehen.

So schön und erlebnisreich der Tag auch war, endete dieser und begann der nächste mit einigem Ungemach: Wie schon erwähnt, war es am Tag des Zirkusbesuches sehr heiß und der Trinkvorrat war bald aufgebraucht. Wir litten alle unter großem Durst und ein Getränk zu kaufen war wegen der Tausenden Besucher, aber auch auf Grund der hohen Getränkepreise schier unmöglich. Nebenbei hatte ich Angst, nicht mehr zu meinem Sitzplatz zurückzufinden. Nach der Vorstellung ging es mit der Straßenbahn zum Bahnhof, von wo wir noch bei Tageslicht abfuhren. An die Heimfahrt konnte ich mich nicht mehr erinnern. Ich muss unterwegs wohl eingeschlafen sein, denn als wir in unserem Heimatbahnhof ausstiegen, begann es schon dunkel zu werden.

Nun mussten wir, müde und durstig, noch den langen Fußmarsch nach Hause antreten. Nach und nach verließen Schüler, welche nicht so weit vom Bahnhof entfernt wohnten, die Schülerkolonne, während mir der Weg zu meinem Dorf kein Ende zu nehmen schien. Als wir endlich den Ortsanfang erreichten, war es bereits stockfinster. Der Herr Oberlehrer entließ uns mit dem Auftrag, sofort heimzugehen, denn er müsse noch weiter entfernt wohnende Kinder nach Hause begleiten. Da aber der Durst beinahe unerträglich war, kehrten wir Buben, statt schnurstracks dem Heimathaus zuzustreben, in das direkt auf dem Heimweg liegende Gasthaus ein, um uns ein Kracherl – damals das gängigste alkoholfreie Getränk – zu genehmigen. Inzwischen hatte unser Schulleiter alle an der Dorfperipherie wohnenden Schüler nach Hause begleitet und kam durch das Dorf wieder zurück, wo einige Mütter – auch meine Mutter und meine Tante waren dabei – bereits vergeblich auf ihre Sprösslinge warteten. Nachdem er ihnen erklärt hatte, dass wir bereits zu Hause sein müssten, stimmten unsere Mütter ein hysterisches Gejammer und Geschreie an. Dabei wurde er mit massiven Vorwürfen konfrontiert und eine Mutter meinte sogar, er habe uns möglicherweise in Graz vergessen oder unterwegs verloren. Wie ein begossener Pudel strebte er folgerichtig dem Gasthaus zu, doch waren wir währenddessen bereits auf einem Weg hinter den Tennen (Dreschgebäude und Strohlager) heimgekehrt. Dort erwartete mich bereits meine Mutter unter lautstarkem Geplärre mit der immer bereitliegenden *Birkenen Liesl* (Birkenrute), die ich sogleich auf meinem Hinterteil zu spüren bekam.

Doch das war erst des Dramas erster Teil, denn der zweite folgte am nächsten Tag gleich in der Früh in der Schule. Kaum dort angekommen, wurde ich zusammen mit zwei weiteren Delinquenten – der Sohn der Wirtin war als Bewohner des Hauses ja verschont – von zwei Mädchen aus der Oberstufe unter schadenfrohem Gegrinse in die Klasse des Schulleiters beordert. Dass mir dort nichts Gutes bevorstünde, bemerkte ich bereits beim Eintreten in das Klassenzimmer, denn ein Teil der öligen Podiumskante war bereits von einigen knienden Mitübeltätern aus der

Abschlussklasse besetzt. Nacheinander fasste uns der Herr Oberlehrer wortlos an einem Ohr, drehte dieses spiralförmig ein, zog es nach oben, führte uns so zur ca. zwanzig Zentimeter hohen Fußbodenerhöhung und drückte uns dort auf die Knie nieder. Auf diesem öligen Podium kniend erwarteten nun ca. zehn Schüler – ausschließlich Buben – ihre Strafe. Was nun folgte, habe ich später nie wieder erlebt, und die Erinnerung an die nun folgende Strafexekution erheitert mich heute noch.

Äußerlich scheinbar gelassen, aber innerlich aufgewühlt – sicherlich nicht hasserfüllt – meinte unser Peiniger schlicht und einfach, dass wir wohl wissen müssten, warum wir hier wären und warum wir die nun folgende Strafe ausgefasst hätten. Dann schritt er zur Tat, die er wie ein Arbeiter an einem Fließband erledigte. Reihum fasste jeder als Vorspeise links und rechts eine Ohrfeige aus. Als nächstes schlug er mit einer dünnen Weidenrute auf die Rückseite der ausgestreckten Hände, was am meisten schmerzte. Die weiteren Rutenstreiche bekamen die Innenhandflächen zu spüren. Mit schmerzverzerrtem Gesicht und teils leisem Jammern nahmen ich und auch alle anderen Übeltäter die Züchtigung an und glaubten, nun die gesamte Strafe ausgefasst zu haben. Weit gefehlt, denn wir durften noch nicht aufstehen, sondern verbüßten die restliche Zeit bis zum Pausenläuten – mehr als eine halbe Stunde und quasi strafverschärfend – auf der scharfen Kante des Podiums kniend die Ahndung unseres Vergehens. Da Sommerzeit war, trug ich, wie alle anderen Buben auch, kurze Hosen, sodass meine ungeschützten Knie, mit fortschreitender Dauer in dieser Strafposition verharrend, immer heftiger zu schmerzen begannen. Mehr und mehr sehnte ich deshalb auch das Pausenläuten herbei. Als die Glocke – sie wurde von einem Schüler auf Geheiß des Oberlehrers geläutet – endlich erklang und wir alle aufstehen durften, hatte sich die Podiumskante tief in die Knie eingraviert. Diese schmerzten noch einige Zeit danach höllisch und auch die Rötung der Haut verging nicht so bald. Alle überstanden die Torturen der Strafexekution aber ohne jegliche Folgen und in der anschließenden Pause tobten wir uns im Hof schon wieder ordentlich aus.

Die Hofpause nach der zweiten Unterrichtsstunde sehnte ich jeden Tag herbei. Ich konnte dort ausgelassen umherlaufen und wurde auch sehr oft von den Buben der Oberstufe zur Teilnahme am Völkerball, einem sehr beliebten Ballspiel, eingeladen, da ich sehr gut fangen konnte und für einen Zehnjährigen auch schon einen kräftigen Wurf hatte. Es war jedenfalls für mich ein besonderes Privileg.

Der zweite Grund, welcher mich sehnsüchtig in den Hof trieb, war ein Mädchen aus der zweiten Schulstufe. Meine Angebetete war ein quirliges Wesen mit immer fröhlichem Gesicht und schwarzen, zu einem langen Zopf gebundenen Haaren. Aus dem rundlichen Gesicht leuchteten zwei kleine, rote Wangen, die mich besonders faszinierten. Sie war meine erste große Liebe. Ob meine Liebste ebenso fühlte, habe ich nie erfahren. Jedenfalls lief ich ihr immer wieder hinterher und warf alle meine männlichen Attitüden über Bord, indem ich mich in eine Mädchenspielgruppe drängte, um in ihrer Nähe zu sein. Da ich nach der vierten Schulstufe in ein Gymnasium wechselte und in die Landeshauptstadt übersiedelte, verlor ich sie aus den Augen. Ich traf sie später als Erwachsener immer wieder. Von meiner kindlichen Zuneigung habe ich ihr aber erst viele Jahre später erzählt und wir lachten herzlich darüber.

Oft sehr erlebnisreich war der Heimweg, da nicht selten mit den Mädchen für deren Petzereien während der vormittägigen Unterrichtszeit abgerechnet werden musste. Die Gründe für das Verklagen der Burschen bei der Klassenlehrerin waren vielschichtig: Ziehen bei den Zöpfen oder Eintauchen der Haarspitzen in die sogenannten Tintenfässer, welche aus Glas bestanden und in einer kreisrunden Öffnung der zusammenhängenden Pulte steckten. Allein der Umstand, dass die Zöpfe der in den vorderen Reihen sitzenden Mädchen unmittelbar vor den Tintenbehältern herunterhingen, reizte ungemein zu einem solchen Streich. Auch andere Lausbübereien wie das Aufheben der langen Röcke, das Haxenstellen beim Spielen im Schulhof oder das wuchtige Anschießen mit einem Ball wurden postwendend und meistens heulend meiner Lehrerin gemeldet, welche die Täter mit den bereits eingangs geschilderten Erziehungsmaßnahmen bedachte. Natürlich schrien solche Denunzierungen durch das weibliche Geschlecht nach Vergeltung, welche von uns Buben alsbald nach Verlassen des Schulareals durch Beschimpfungen, Spötteleien, aber auch durch harmlose Tätlichkeiten wie Schupsen, Ziehen an den kunstvoll geflochtenen langen Haarzöpfen oder Wegnehmen und Verstecken der aus Pappe gefertigten Schulranzen vollstreckt wurde. Wurden diese Belästigungen den Mädchen zu bunt, konnte es schon vorkommen, dass sie zurück in die Schule liefen und die Frau Lehrerin zu Hilfe holten. Diese setzte sich flugs auf ihr Waffenrad und versuchte, uns Buben einzuholen. Doch vergeblich: Wir waren alle längst im Herrschaftswald verschwunden. Der Strafe konnten wir aber trotzdem nicht entkommen, denn diese wurde am nächsten Tag gleich am Morgen nach Betreten des Klassenzimmers durch Schläge mit einer Weidenrute exekutiert. Oder wir mussten nach dem Unterricht so lange in der Schule bleiben, bis die Mädchen für uns außer Reichweite waren.

Apropos Schulweg: Ich möchte in meinen Erinnerungen an meine Schulzeit nicht versäumen, die eminente Bedeutung des an Abenteuern reichen, im Winter allerdings mühseligen Schulweges nochmals aufzuzeigen. In den Monaten ohne den Buchstaben „r" (Mai, Juni, Juli) durften wir barfüßig laufen und natürlich auch ohne Schuhe in die Schule gehen. Das war anfangs beschwerlich, spürten wir doch auf der im Winter aufgeweichten Fußsohlenhaut jeden kleinen Stein. Doch wurde diese Haut immer dicker und auch der schwarz geölte Klassenboden zog eine feste Schicht darüber, sodass wir den spitzen Schotterbelag der Straßen und Wege nicht mehr spürten. Sogar über die Getreidestoppelfelder konnten wir schon mühelos laufen und springen. Der Schulweg gehörte uns und Abstecher in den Wald sowie das Durchwaten des von den Quellen des Schlossparks gespeisten Baches waren ein Genuss.

Doch der Winter meinte es nicht so gut mit uns. Drei Kilometer Fußmarsch waren vor allem in der morgendlichen Kälte eine Qual. Minus 20° C und ein halber Meter Neuschnee waren in den Fünfziger- und Sechzigerjahren keine Seltenheit. Dabei hatte ich es noch gut, da ich nach ungefähr einem Kilometer Wegstrecke, welche durch offenes, windig-kaltes Feld führte, den schützenden Wald erreichte. Dieser wärmte vor allem meine Ohren. Leider waren meine Füße und da vor allem die Zehen nicht vor dieser klirrenden Kälte geschützt. Diese steckten in harten, aus Schweinsleder handgefertigten und nicht gefütterten Schuhen. Um die Füße geschlungene und über die Zehen gestülpte, aus alten Hemden herausgeschnittene Tücher dienten als Socken, sodass die Kälte sich bald durch das harte Leder und die dünnen Lappen fraß. Mit halb erfrorenen Zehen erreichte ich die Schule und zog wie alle anderen Schüler in der Klasse die Schuhe aus. Dann setzten wir uns in einem Halbkreis um den knisternden, wohlige Wärme ausstrahlenden Ofen. Da begannen durch die einsetzende Durchblutung der Zehen die Schmerzen erst recht, doch diese gingen bald vorüber.

Dabei hatte ich noch einen angenehmen Schulweg. Die längste Entfernung von der Schule zu jenem Heimathaus, in welchem viele Kinder – ich glaube fünf – wohnten, betrug fast sechs Kilometer. Im Winter brauchten sie für diese Wegstrecke manchmal über zwei Stunden, wenn sie querfeldein durch den in der Nacht gefallenen Schnee stapfen mussten, bis sie die einigermaßen geräumte Hauptstraße erreichten. Die älteren zwei Brüder hatten vor dem Aufbruch zur Schule der Mutter – der Vater war kriegsversehrt – schon geholfen, den Stall auszumisten.

Ich ging sehr gerne in die Schule, war ein überdurchschnittlich guter Schüler und die beiden Lehrerinnen, die mich unterrichteten, verhätschelten mich geradezu. Dies trug mir leider auch gelegentlich den Vorwurf eines Lehrerzarterls (ugs., von verzärteln abgeleitet) von meinen Mitschülern ein, was mir ganz und gar nicht recht war.

Das Einzige, was mir an den Gegenständen nicht behagte, war der Turnunterricht in den beiden ersten Schuljahren. Wie schon erwähnt war ich ein quirliges, spindeldünnes Kind voller Bewegungsdrang und Energie. In der sogenannten modernen Pädagogik würde ich heute als hyperaktiv bezeichnet werden. Ich wollte laufen, springen und mich mit anderen Schülern in

Kraft, Schnelligkeit und Geschicklichkeit messen. Doch gerade der Turnunterricht fiel vor allem in den ersten zwei Schuljahren häufig aus. Besonders im Winter oder bei schlechtem Wetter gab es kein Turnen und allzu oft wurde es zu Gunsten sogenannter Hauptgegenstände verkürzt. Hauptgründe waren wohl das Fehlen eines Turnsaales oder wenigstens Gymnastikraumes, aber auch die Abneigung der Lehrerin gegenüber diesem Unterrichtsfach. Turnen war eben kein wichtiger Gegenstand und für die Inhalte des damaligen Bildungsbegriffes nicht relevant. Lesen, Schreiben und Rechnen waren die Haupt-, Erdkunde, Geschichte, Naturgeschichte und Naturlehre die Nebengegenstände. Singen, Zeichnen und vor allem Turnen waren in beinahe allen Volksschulen auf dem Land unterversorgt.

Fand das Turnen aber doch statt, dann standen statische, kaum jedoch bewegungsintensive Spiele und Übungen auf dem Übungsplan: *Faules Ei, Blinde Kuh, Drittabschlagen, Goldne Brücke, Stille Post* und wie sie alle hießen, diese Langeweiler. Dabei bewegten sich höchstens zwei Kinder und die anderen warteten oft vergeblich, dass sie auch einmal an der Reihe waren. Am schlimmsten waren die Märchenspiele, allen voran das Liedspiel Dornröschen. Und weil ich eine recht schöne Stimme hatte und mich die Frau Lehrerin, wie schon gesagt, sehr mochte, war ich meistens dazu ausersehen, die Königstochter durch Gesang und einen Kuss – Gott sei Dank nur auf die Stirn – wach küssen zu dürfen. Das schadenfrohe Gelächter meiner männlichen Mitschüler und die Hänseleien auf dem Heimweg nach dem Unterricht waren mir gewiss. Das ging so weit, dass mir das Turnen keinen Spaß mehr bereitete und ich begann, den Unterricht durch verschiedene Kaspeleien zu stören, was mir oft den Ausschluss aus diesen kindischen Spielen eintrug. Aber das war mir nur recht und von mir auch angestrebt.

Das Turnen – so hieß der Gegenstand damals offiziell – wurde auch in der Oberstufe, welche auf dem Lande fast alle zehn- bis vierzehnjährigen Schüler besuchten, in beinahe ausnahmslos allen Schulen sträflich vernachlässigt. Meine Volksschule hatte vor dem Schulgebäude einen auf einem sonnigen Hang angelegten großen

Obstgarten mit verschiedenen bodenständigen Obstsorten. Hinter dem Haus lag unter Schatten spendenden, riesigen Rosskastanienbäumen der Turn- und Spielplatz mit einer Weitsprunganlage und im Anschluss bis zur Grundstücksgrenze war ein großer Gemüsegarten platziert. Sowohl Obst- und Gemüsegarten wurden vom Schulleiter und dessen Frau genützt. Da beide die zur Bewirtschaftung notwendigen Arbeiten nicht allein bewerkstelligen konnten, wurden ausschließlich die Schüler und Schülerinnen der Oberstufe zu den verschiedensten Tätigkeiten wie Grasmähen, Heuernten, Obstpflücken, Gartenumstechen usw. herangezogen. Sie konnten diese Arbeiten sehr gut, stammten sie doch fast alle aus bäuerlichen Familien und mussten auf dem elterlichen Hof fleißig mithelfen. Und in der Schule wurden für diese Gartenarbeiten ausschließlich die Turnstunden zweckentfremdet. Das passte vor allem den Buben durchaus nicht und sie hielten sich oft am späten Nachmittag durch heimliche Beutezüge in des Schulleiters Gärten schadlos. Auch ich nahm – obwohl noch in der Unterstufe und daher von der Arbeit nicht betroffen – einige Male an diesen abenteuerlichen Diebstählen teil. Vor allem die köstlichen Erdbeeren hatten es mir angetan. Mädchen waren daran nie beteiligt, denn sie arbeiteten damals in den Turnstunden lieber im Gemüsegarten, als dass sie sich von den rüden Burschen über den Schulhof hetzen ließen. Außerdem wurde damals noch nicht in Turnkleidung geturnt und das Tragen von Hosen durch das weibliche Geschlecht war durch und durch verpönt.

Kurz eingehen möchte ich noch auf den Umstand, dass im ländlichen Raum fast alle Zehn- bis Vierzehnjährigen die Volksschuloberstufe gemeinsam in einer Klasse absolvierten. Auch die begabten Schüler blieben zum Großteil weiterhin in der Volksschule, was meines Erachtens vor allem drei Gründe hatte: Erstens war der finanzielle Aufwand für Lernbehelfe und Fahrt in die doch weiter entfernte Hauptschule weitaus höher und vor allem für die Kinder aus ärmeren Bauern- und Arbeiterfamilien nicht leistbar. Zweitens wurden die schon kräftigeren Kinder zu Spitzenarbeitszeiten in der Landwirtschaft oft dringend benötigt und das Fernbleiben vom Unterricht wurde ihnen in der Volksschule doch wesentlich leichter gemacht. Es gab sogar einen durch die Landesregierung verordneten Rechtsanspruch für Schüler ab zwölf Jahren auf Absenz zwecks Mithilfe im elterlichen Betrieb, vor allem zur Erntezeit im Herbst. Der dritte Grund war ein sehr fragwürdiger: Um die notwendige Klassenschülerzahl zur Führung einer Oberstufe zu erreichen, sabotierten und verhinderten sogar wegen entsprechender Gehaltseinbußen nicht wenige Schulleiter den Abgang der guten Schüler in die Hauptschule. Wenn es sein musste, gelegentlich sogar durch Zuerkennung schlechterer Noten. Leider widersetzten sich nur wenige Eltern dieser üblen Praxis.

Ich besuchte, wie ich eingangs in diesem Kapitel schon erwähnte, eine nieder organisierte Schule, was für mich persönlich einige Vorteile hatte: Da ich schon recht gut lesen konnte, bevor ich in die Schule ging, und auch das Schreiben schnell erlernte, durfte ich, wenn ich mit der Stillarbeit fertig war, entweder gleich meine Aufgaben in der Schule machen oder mit der zweiten Schulstufe mitlernen, was mir einen enormen Wissensvorsprung bescherte. Das ging in der nächsten Klasse so weiter, sodass ich im Laufe der dritten Schulstufe fast den gesamten Lehrstoff der vierten mitbekam. Außerdem hatte ich in der zweiten Klasse – das waren die dritte und die vierte Schulstufe – in Frau Karoline K. eine sehr verständnisvolle Lehrerin, die meinen Wissensdurst nicht bremste, sondern im Gegenteil sehr förderte. Wenn sie merkte, dass ich unterfordert war, was sich bei mir meistens durch eine gewisse Unruhe und Lästigkeit äußerte, fütterte sie mich mit zusätzlichem Lernstoff oder stellte mir interessante Nachschlagwerke verschiedenster Sparten zur Verfügung. Auch empfahl sie in der vierten Schulstufe meiner Mutter, mir zu Weihnachten das Jugendlexikon „Die Welt von A bis Z" zu schenken, welches für meine Wissbegierde eine unerschöpfliche Fundgrube war. Manchmal durfte ich dieses Kompendium in die Schule mitnehmen und quasi Lehrer spielend daraus vorlesen, wenn der Inhalt gerade in den Unterricht passte.

Diese Lehrerin war es dann auch, welche meine Mutter dahin gehend beeinflusste, mich doch nach Graz in ein Gymnasium zu schicken. Dazu möchte ich bemerken, dass aus dem Dorf, aus dem ich stammte, noch kein Schüler vorher eine Mittelschule besucht hatte und ich demnach der erste Maturant dieses Ortes überhaupt war. Zur damaligen Zeit, kaum zehn Jahre nach Kriegsende, gab es auf dem Land nach der Volksschule noch keine zur Matura führende Schule. Nach dem Besuch der Hauptschule hätte die Möglichkeit bestanden, in der Landeshauptstadt eine berufsbildende höhere Schule wie die HAK (Handelsakademie), die LBA (Lehrerbildungsanstalt), die BULME (Bundeslehranstalt für Maschinenbau und Elektrotechnik) oder die Baufachschule zu besuchen, um dort die Reifeprüfung abzulegen. Ich entschied mich aber für ein Bundesrealgymnasium nach der Volksschule. Damals musste noch eine Aufnahmsprüfung abgelegt werden, auf die mich meine Lehrerin bestens vorbereitete. Leider musste ich in Kauf nehmen, in der Zeit von zehn bis neunzehn Jahren in einem Internat zu wohnen. Vor allem die ersten vier Jahre, welche ich in einem Landesschülerheim verbringen musste, sollten für mich, wie ich noch ausführlich schildern werde, zur schmerzlichsten und qualvollsten Zeit in meinem Leben werden.

Ich möchte das Kapitel über meine Volksschulzeit aber nicht beenden, ohne über den Religionsunterricht zu erzählen. Der Religionslehrer der Schule war ein pensionierter Pfarrer, welcher als Priester im Schloss sein Ausgedinge gefunden hatte, regelmäßig in der schönen Barockkapelle Messen hielt und die sehr religiöse Grafenfamilie als Seelsorger betreute. Ich freute mich auf seine Stunden sehr, und zwar aus zwei Gründen: Erstens begeisterte er mich durch seine spannenden Erzählungen aus dem Alten Testament, und zweitens ging es bei ihm im Unterricht oft recht lustig zu. Er war von kräftiger Statur und hatte große Hände, die er, wenn es sein musste, zu mächtigen Fäusten ballen konnte. Deshalb und auch wegen seines heute undenkbaren Erziehungsmittels nannten wir ihn „Boxer". Störte einer der Buben – es waren meistens die älteren, welche durch oftmaliges Sitzenbleiben auch schon zwei, drei oder noch mehr Jahre älter sein konnten als ich –, so stürzte er sich auf den Störenfried und drosch mit seinen großen Pranken auf dessen Rücken ein. Einen anderen Körperteil konnte er schwer treffen, da sich der Übeltäter in der Bank zu einem Katzenbuckel krümmte und den Kopf mit beiden Händen abdeckte. Manchmal gelang es einem Schüler, zu fliehen, und so gestaltete sich mancher Versuch, dieses Kerls habhaft zu werden, unter lautem Beifall vor allem der Burschen zu einer Verfolgungsjagd durch die ganze Klasse. Dabei waren die Buben natürlich schneller und der behäbige Priester musste oft keuchend aufgeben. Der körperlichen Züchtigung entkam aber keiner, denn diese wurde im Anschluss an die Stunde vom alsbald informierten Oberlehrer exekutiert.

Auch mein Rücken wurde einmal mit seinen kräftigen Fäusten weichgeklopft. Das war aber halb so schlimm, wie ich befürchtet hatte. Denn auch ich rollte mich wie ein Igel zusammen und überstand somit die Tortur ohne nennenswerte Schmerzen. Sicherlich hat aber dieser alte Priester durch seine spannend erzählten Geschichten aus dem Alten, aber auch Neuen Testament ein Samenkorn für die Entwicklung meines Glaubens in meine Seele gelegt. Dafür bin ich ihm heute noch dankbar.

Das Gymnasium –
eine Bildungsstätte der Bewährung

Nach bestandener Aufnahmsprüfung – meine Lehrerin hatte mich, wie bereits erwähnt, bestens darauf vorbereitet – fing für mich ein neuer Schullebensabschnitt in einem Bundesrealgymnasium in der Landeshauptstadt an. Für mich war das eine vollkommen andere Welt. In der freien Natur eines ländlichen Dorfes aufgewachsen, fand ich mich in den lärmenden und stinkenden Schluchten grauer Häuserzeilen wieder, in denen ich mich erst zurechtfinden musste. Das Schulhaus stand nicht auf einem sanften Hügel inmitten von Äckern und Wiesen unweit eines Waldes mit herrlichem Blick nach Süden auf einen in der Sonne glänzenden Fischteich, sondern war ein Eckhaus direkt an der Kreuzung zweier stark befahrener Straßen. Das Stiegenhaus sowie die Gänge waren grau gefärbelt und dementsprechend düster und unfreundlich. Im Gang standen neben jeder Klassentür mit Vorhängeschlössern versperrbare Käfige, welche als Garderobe dienten. Diese Gänge sollten ich und meine Mitschüler in den nächsten Jahren tausende Male paarweise gegen die Uhrzeigerrichtung umrunden. Und das unter Aufsicht eines Professors, der als Pausenaufsichtsorgan wie ein Hirtenhund darüber wachte, dass ja kein Schüler gegen die Marschordnung verstoße oder die Seite wechsle. Und erst die Klassen: Kein Bild verzierte die kahlen, grauen Wände, keine Vorhänge vermittelten ein heimeliges Wohngefühl. Lediglich an der Stirnseite hing über einer fix montierten schwarzen Tafelfläche ein einfaches Kreuz, flankiert vom Bild des Bundespräsidenten und vom Staatswappen. Der Klassenraum war vollgestopft mit Bänken und Stühlen, denn es sollten, wie ich bald bemerken würde, 51 Schüler darin Platz haben. Und ein Professor auch. Denn für ihn waren in der vordersten linken Ecke der Lehrertisch, der bereits an die erste Tischreihe anstieß, und ein Sessel bereitgestellt. Podium gab es zum Unterschied zu den Volksschulklassen wahrscheinlich aus Platzgründen keines. Durch die hohen Fenster drang zwar genügend Licht, sie zur Belüftung des Klassenzimmers zu öffnen war aber wegen des schier unerträglichen Verkehrslärmes und des Gestankes der Auspuffgase nicht ratsam.

Sehr zögerlich und schüchtern, ja ängstlich, betrat ich den Klassenraum, über dessen Tür ein breites Schild mit der Aufschrift Prima A zu lesen war. Was das bedeutete, wurde mir erst später bewusst, jedoch überlief mich dann jedes Mal ein Schaudern, wenn ich daran dachte, wie viel Zeit vergehen müsse, bis ich vielleicht einmal in der Octava A sitzen würde. Jedenfalls suchte ich mir den letzten Platz rechts hinten neben dem Fenster aus. Diesen sollte ich in allen Klassen auch nach dem Schulwechsel bis zur Matura einnehmen.

Einige Schüler waren schon da. Vermutlich kannten sie einander schon aus der Volksschulzeit, denn sie unterhielten sich lautstark miteinander, während ich eingeschüchtert auf meinem Platz in der letzten Reihe saß und auf einen Sitznachbarn wartete. Die Klasse füllte sich, es wurde immer lauter und plötzlich setzte sich auch ein Bub neben mich. Er kannte wohl auch noch niemanden. Ich freundete mich mit ihm schnell an und wir saßen in der Folgezeit dann auch vier Jahre lang nebeneinander. Er war sympathisch, ruhig und hilfsbereit und wohnte zu Hause bei seinen Eltern in einem Stadtrandbezirk, wofür ich ihn zumindest damals im Alter von zehn Jahren oft beneidete. Er hatte immer alles mit, was er für die Arbeit in der Schule brauchte, während mir oft das Notwendigste fehlte, z. B. ein längeres Lineal, aber vor allem ein stabiler Zirkel, denn mein billiges Gerät hielt nur kurze Zeit und ein teureres konnte ich mir nicht leisten. Er hatte nie etwas dagegen, wenn ich mir von ihm ein Utensil ausborgte. Auch hatte er jeden Tag eine köstliche Jause mit, die er immer gerne mit mir teilte, denn vom Heim bekamen wir außer einem trockenen Stück Brot nichts zu essen mit. Ich hatte bald das Gefühl, dass seine Mutter ihm auch für mich immer etwas mehr einpackte, was er nach einiger Zeit auf meine Frage hin auch bejahte.

Plötzlich wurde es im Türbereich des Klassenzimmers ruhig und diese Stille breitete sich im Raum immer weiter aus. Auch ich unterbrach meine Unterhaltung mit meinem soeben erst gewonnenen Freund, und als ich in die Richtung des Lehrertisches blickte, sah ich in meinem Leben den ersten Herrn Professor in unmittelbarer Nähe und leibhaftig. Es war ein Herr mittleren Alters, eine stattliche Person, korrekt gekleidet. Selbstverständlich mit Anzug, weißem Hemd und passender solider Krawatte. Wie sich später herausstellen sollte, trugen alle Professoren die ihrer Würde entsprechende Kleidung. Frauen unterrichteten damals an meiner Schule nicht. Nur die Turnprofessoren konnte ich meistens in Trainingsanzügen sehen, was mir übrigens sehr imponierte und in mir den Wunsch aufkeimen ließ, auch einmal Sportlehrer zu werden.

Mittlerweile war es in der Klasse mucksmäuschenstill geworden. Wir standen alle da, stramm wie Zinnsoldaten. Denn so lange hatte der Herr Professor vor der Tafel stehend gewartet, bis sich alle ruhig verhielten und sich keiner mehr rührte. Er grüßte uns freundlich, was mir viel an Angst und Unsicherheit nahm und ihn mir gleich sympathisch erscheinen ließ. Er gab uns unmissverständlich zu verstehen, dass er dieses Verhalten auch in Zukunft – nur etwas spontaner – so von uns erwarte. Das gelte nicht nur für ihn, sondern auch für alle anderen Lehrer, die die Klasse betreten oder verlassen. Dann stellte er sich vor, indem er seinen Namen mit dem akademischen Titel nannte, und teilte uns mit, dass er unser Klassenvorstand sein und uns voraussichtlich bis zur Matura die Gegenstände Englisch und Turnen unterrichten werde. Er sollte einer meiner liebsten Lehrer werden. Nachdem er die Namen aller 51 Schüler aufgerufen hatte und wir unsere Anwesenheit durch ein lautes „Hier!" bei gleichzeitigem Erheben von den Sitzen bekundet hatten, meinte er mit mitleidigem, fast väterlichem Blick: „Wie wir aus Erfahrung wissen, werden nach dem ersten Trimester, also nach Weihnachten, nicht mehr alle hier sein."

In den nächsten Tagen lernten wir auch die übrigen Professoren kennen. Es waren durchwegs honorige Herren, die meisten über fünfzig Jahre alt. Sie fackelten nicht lange, sondern begannen von der ersten Stunde an, den zu lernenden Stoff zu vermitteln. Dies geschah ausschließlich in Form eines vortragenden Frontalunterrichts. Dabei saßen die meisten Lehrer die ganze Stunde lang hinter dem Katheder und lasen aus einem Buch vor, wobei sie manchmal aufblickten und einige erklärende Bemerkungen dazu abgaben. Selten standen sie auf. Da es faktisch nur für die sogenannten Hauptgegenstände Deutsch, Englisch und Mathematik Lehrbücher gab, schrieben wir in manchen Fächern, dass die Finger schmerzten. Man riet uns deshalb gleich, für die Mitschrift dicke, großformatige Hefte zu kaufen und mit Bleistift zu schreiben, denn Kugelschreiber gab es damals noch keine, und Füllfedern mit den jetzigen handlichen Patronen waren auch noch nicht auf dem Markt. Mindestens drei gespitzte Bleistifte waren ein unabdingbares Muss und ein gut schneidender Bleistiftspitzer sollte immer griffbereit sein. Ob, was und wie wir mitschrieben, war jedem Lehrer einerlei. Lediglich die Hausübungen wurden sporadisch, aber überraschend kontrolliert, und dies von den einzelnen Lehrern mehr oder minder genau. Selten wurden die Hefte von ihnen zur genauen Korrektur mit nach Hause genommen. Eine Aufgabe nicht zu machen und darauf zu spekulieren, dass dies nicht registriert würde, war nicht ratsam, denn ein solches Versäumnis wurde mit einer entsprechenden Katalogeintragung geahndet. Und mehrere Vermerke konnten sich sehr negativ auf die Zeugnisnote auswirken bzw. einen ein- oder sogar mehrstündigen Karzer (Kerkerstrafe, von lat. carcer) bewirken.

Was war das für eine Umstellung gegenüber der Volksschule: Dort hatten wir Zeit, schön zu schreiben, und alles, was wir schriftlich zu Papier bringen mussten, stand in vorbildlich exakter Schulschrift an der Tafel. Zudem durften wir, wenn wir mit dem Abschreiben fertig waren, noch eine schöne Musterzeile zeichnen. Alles Geschriebene wurde von unserer Lehrerin gewissenhaft kontrolliert, korrigiert und bei Fehlerlosigkeit und entsprechender Form mit einer anerkennenden Bemerkung oder mit einem Einser versehen. Eine schlampige, fehlerhafte Arbeit erhielt nur einen Haken und musste oftmals zu Hause noch einmal geschrieben werden.

Es war also wie der sprichwörtliche Sprung ist kalte Wasser: abrupt, ohne Übergang, ohne Vorwarnung. Jetzt wurde mir schön langsam klar, dass nicht alle diesen Anforderungen gerecht werden würden. Ich wollte aber unbedingt zu den Erfolgreichen gehören und biss mich durch, war immer auf die überraschenden Prüfungen – angesagte gab es prinzipiell nicht – vorbereitet und erreichte auch leicht den für die Heimbeihilfe notwendigen Notendurchschnitt. Einmal war ich im Gegenstand Geschichte nicht vorbereitet und wurde überraschend zur Prüfung aufgerufen. Ich kann mich nach fast sechzig Jahren noch so genau erinnern, als ob es gestern gewesen wäre. Der Herr Professor fragte mich nach den römischen Kaisern nach Julius Cäsar. Augustus wusste ich, doch dann waren meine Kenntnisse zu Ende und ich wurde mit einem *Nicht genügend* zurück in die Bank geschickt. Für mich brach eine Welt zusammen, lief ich doch Gefahr, wegen der vielen Schüler in der Klasse nicht mehr geprüft zu werden, und dass die negative Note im Trimesterzeugnis aufscheinen würde. Von nun an büffelte ich Geschichte und bat nach einigen Wochen meinen Lehrer inständig, mich noch einmal auszufragen, was dieser auch tat. Aus dem Fünfer wurde ein Dreier und mein Interesse an diesem Unterrichtsfach stieg beträchtlich. Geschichte ist bis heute eines meiner wichtigsten Interessensgebiete geblieben.

Wie vorausgesagt blieben viele leider auf der Strecke, und so kam es auch, dass nach den Weihnachtsferien von den 51 Schulstartern nur mehr 35 in der Klasse saßen. Mein Freund und Sitznachbar war zu meiner Freude auch noch da.

Ich war der einzige Schüler in der Klasse, der vom Land und aus einem kleinen Dorf mit gerade 300 Bewohnern und nicht einmal 100 Hausnummern kam. Die meisten meiner Mitschüler waren aus der Landeshauptstadt. Einige Fahrschüler fuhren täglich von auswärts zur Schule und wieder heim.

Jedenfalls war es, was meine Sprache betraf, ein großer Nachteil für mich, dass ich auf dem Land aufgewachsen war: Ich sprach ein dialektgefärbtes, mit vielen Mundartwörtern vermischtes Deutsch, sodass ich immer wieder ausgelacht, verspottet und von vielen als „Bauer" beschimpft wurde. „Bauer" war damals –

und manchmal auch noch heute – ein gängiges Schimpfwort der Stadtbewohner für Menschen des ländlichen Raumes, welche durch Kleidung, Benehmen und vor allem durch ihre Sprache den urbanen Normen nicht entsprachen.

Dass diese Bauern, als nach dem Krieg viele Städter, die als Bettler auf dem Land von Bauernhof zu Bauernhof zogen, um dort zum Überleben notwendige Lebensmittel wie Mehl, Schmalz, Eier, Käferbohnen etc. zu hamstern, kaum jemanden unversorgt fortschickten, war bei vielen schon in Vergessenheit geraten. Ich erinnerte mich aber noch gut an diese Zeit und bewunderte immer wieder meine herzensgute Großmutter, welche niemanden ohne eine kleine Gabe ziehen ließ, obwohl auch bei uns Lebensmittel rar waren.

Es gab leider auch einige Professoren, die sich ein hämisches, verächtliches Grinsen nicht verkneifen konnten, wenn sie mich sprechen hörten. Ich verstand wegen meines Dialektes, aber auch wegen des geringeren Sprachschatzes oft Ausdrücke nicht, sodass ich manchmal den Sinn eines ganzen Satzes nicht nachvollziehen konnte. Da die sogenannte Schriftsprache fast durchwegs anders klang als meine als Muttersprache erlernte Mundart, glaubte ich, dass alle Wörter anders gesprochen werden müssten, und so wurde, um nur zwei Beispiele zu nennen, aus dem Wort „seicht" ein „seucht" oder aus „leicht" ein „leucht", was unter meinen Mitschülern wieder einmal allgemeines Gelächter hervorrief.

Das erste Diktat fiel dementsprechend aus: Da ich von der Volksschule nur Einser gewöhnt war, war für mich natürlich ein Befriedigend – höchstens fünf Fehler – enttäuschend. Ich verstand einiges vom Inhalt überhaupt nicht. Beispielsweise erinnere ich mich heute noch genau an den Ausdruck „jemandem Herr werden", mit dem ich überhaupt nichts anzufangen wusste. Dieser war aber für die Bedeutung des Satzes relevant. Dementsprechend war auch die orthographische Gestaltung dieses Begriffes.

Glücklicherweise hatte ich zwei Professoren, die mir zur Seite standen, mich ermunterten und unmögliche Mitschüler zurechtwiesen. Es waren dies, wie bereits erwähnt, mein Klassenvorstand, aber auch mein Deutschlehrer, die mich, wie sich noch herausstellen sollte, in vielen Belangen unterstützten und förderten.

Mein Klassenvorstand unterrichtete, wie schon erwähnt, Englisch und Turnen. Der Fremdsprachenunterricht war interessant und machte mir Spaß und so waren auch meine Leistungen in diesem Fach sehr gut. Aber die Turnstunden waren für mich das Höchste aller Gefühle. An das Schulgebäude war ein schöner, neuer Turnsaal angebaut. So etwas hatte ich noch nie gesehen. Ich kam aus dem Staunen nicht heraus, als ich ihn das erste Mal betrat. Und es dauerte nicht lange, da ging es mit mir durch wie mit einem jungen Fohlen, das erstmalig einem engen Stall entkommen auf eine große Weide galoppieren durfte. Ich lief kreuz und quer durch den großen, hohen Raum, an dessen Wänden und Decken Seile, Stangen, Leitern, korbähnliche Gestelle und vieles mir noch nicht Bekannte befestigt war. Ich machte ausgelassene Luftsprünge, Purzelbäume auf bereits ausgelegten Ledermatten, kletterte behände auf die Sprossenwand und Kletterstangen und balancierte über eine verkehrt mit der Sitzfläche nach unten liegende Langbank. Nach und nach ließen auch die anderen Mitschüler ihrem Bewegungsdrang freien Lauf. Es gab ein unübersichtliches Gedränge und Geschreie, bis plötzlich ein schriller Pfeifton den schon fast unerträglichen Lärm verstummen ließ. Wir mussten uns der Größe nach in einer sogenannten Stirnreihe aufstellen, was nach einigem Schieben und Stoßen nur mühsam gelang und daher geübt werden musste. Das war für alle folgenden Turnstunden die unentbehrliche Grundaufstellung, nach welcher der eigentliche Unterricht in Leibesübungen erst begann. In dieser ersten Turnstunde machten wir Staffelläufe in verschiedenen spannenden Varianten. Ich war wieselflink und half meiner Mannschaft wesentlich, fast alle Wettläufe zu gewinnen, was mir von meinen Mitschülern Achtung und von meinem Lehrer besonderes Lob bescherte. Meine guten schulischen Leistungen, vor allem die sportlichen, waren es, welche mir im Laufe der Zeit in der Klassengemeinschaft eine gewisse Beliebtheit, ja sogar Autorität verschafften, sodass ich in der zweiten Klasse zum Klassensprecher gewählt wurde, was auch meinem Klassenvorstand Freude bereitete und mein Selbstwertgefühl enorm steigerte.

Auch als Englischlehrer war mir mein Klassenvorstand sehr sympathisch: Er sprach ein korrektes, gut verständliches Englisch, sodass ich ihn leicht verstehen konnte, und nahm auch Rücksicht auf schwächere Schüler. Die Aufgaben wurden genau kontrolliert und zu Beginn jeder Stunde wurde der Stoff der vorhergehenden wiederholt. Dabei legte er auf eine exakte Aussprache Wert und bemühte sich, dass alle Schüler möglichst oft zum Sprechen an die Reihe kamen. Dieser gediegene Englischunterricht sollte mir später in der Lehrerbildungsanstalt sehr zum Vorteil gereichen.

Von einem zweiten Professor möchte ich auch noch ausführlicher berichten: Er hatte natürlich, wie es damals fast ausnahmslos der Fall war, den Doktortitel und unterrichtete das Fach Deutsche Unterrichtssprache. Als er das erste Mal die Klasse betrat, erweckte er ein Angstgefühl in mir. Er war von mittelgroßer, etwas beleibter Statur, sein schon spärliches Haar war korrekt frisiert, wahrscheinlich mit Brillantine geglättet, und sein Blick erschien mir stechend, durchbohrend, ja sogar furchterregend. Als er sich vor die Tafel stellte und in die Schülerschar blickte, war es nach kürzester Zeit still und wir alle standen da wie angewurzelt. Nachdem er uns aufgefordert hatte, Platz zu nehmen, setzte er sich gemächlich an den Lehrertisch, verlas unsere Namen und stellte damit unsere Anwesenheit fest. Während der ganzen Stunde verzog er keine Miene. Auch dann nicht, als er uns, wie es fast alle Professoren taten, eröffnete, dass nach dem ersten Trimester – also nach Weihnachten – nur mehr zwei Drittel der Schüler in der Klasse sein würden. Seine Sprache war sogar noch exakter artikuliert, als wir es schon von den anderen Lehrern gewöhnt waren, die Kleidung selbstverständlich vorbildlich. Seine Art zu unterrichten behagte mir, ich verstand ihn sehr gut und kam auch leicht mit, obwohl ich, wie schon erzählt, auf Grund meiner Herkunft Sprech- und Sprachverständnisprobleme hatte. Meine Zeugnisnote in Deutsch nach dem ersten Trimester war ein „Befriedigend".

Dann ging es in die Weihnachtsferien, doch nicht ohne dass uns unser Deutschprofessor eindringlich riet, ja nicht auf das Lesen zu vergessen und uns unbedingt als Weihnachtsgeschenk von den Eltern ein Buch zu wünschen. Ein Buch gehöre einfach auf jeden Gabentisch, war seine Devise, und das meinte er sehr ernst. Jeder gebildete Mensch müsse im Laufe des Lebens eine kleine Bibliothek sein Eigen nennen und man könne nicht früh genug anfangen, Bücher zu lesen und zu sammeln. Damit begann schon mein Dilemma. Mein gesamter Bücherbestand war neben dem Schülerlexikon der erste Winnetouband von Karl May, welchen ich von meinem Schulfreund, dem Sohn der schon erwähnten gräflichen Familie, zu meinem zehnten Geburtstag geschenkt bekommen hatte. Dieses Buch war mein Heiligtum und ich hatte es in den Ferienmonaten vor dem Gymnasiumsbesuch sowohl als Ganzes als auch in spannenden Abschnitten schon x-Mal gelesen, ja sprichwörtlich verschlungen. Doch meine Mutter hatte wenig Verständnis für meine Lesebegeisterung. Sie war nämlich der Meinung, ein Buch zu kaufen rentiere sich nicht, denn wenn es ausgelesen sei, würde es nicht mehr gebraucht werden. Und es läge dann nur nutzlos umher. Weiters seien Bücher sehr teuer und sie sei nicht bereit, dafür Geld auszugeben. Ich habe den Winnetouband heute noch und er nimmt einen Ehrenplatz in meiner recht umfangreichen Bibliothek ein. So lag auch diesmal unter dem Christbaum nicht das von mir gewünschte Buch „Die Sagen des klassischen Altertums" von Gustav Schwab, sondern die übliche Unterwäsche. Dieses Mal war es ein Pyjama, den ich ja dringend brauchen würde, wie meine Mutter auf meine Vorhaltungen hin meinte. Ich war natürlich maßlos enttäuscht, ahnte aber nicht, welche durchaus erfreulichen, positiven Folgen das für mich haben würde.

In der ersten Deutschstunde nach den Weihnachtsferien durften alle noch an der Schule verbliebenen Schüler berichten, welches Buch sie geschenkt bekommen bzw. was sie alles gelesen hatten. Bei manchen müsste ja eine für meine Begriffe halbe Bibliothek unter dem Christbaum gelegen sein, sodass unser Professor einige in ihrer Erzählbegeisterung sogar unterbrechen musste. Mir war es nur recht, dass viele so umfangreiche Erzählungen tätigen konnten, war damit doch die Chance groß, nicht aufgerufen und damit womöglich bloßgestellt oder sogar getadelt zu werden. So ersehnte ich nichts weniger herbei als das erlösende Klingelzeichen, das das Ende der Unterrichtsstunde anzeigen sollte. Doch meine Hoffnung war vergeblich. Denn obwohl oder gerade weil ich mich duckte und somit möglichst klein machte, erklang plötzlich mein Name und ich wurde aufgefordert, mein literarisch erworbenes Wissen kundzutun. Ich erhob mich aus meiner Kauerstellung und stand wie versteinert da, nicht fähig, auch nur einen Laut von mir zu geben. Am liebsten wäre ich im Boden versunken, so sehr schämte ich mich. Mir wurde das erste Mal im Leben bewusst, was es heißt, aus ärmlichen Verhältnissen zu stammen, aus einem Gesellschaftsbereich, in welchem Bildung keinen Stellenwert besaß. Und dann brach es aus mir heraus: Ich begann hemmungslos zu weinen, sodass sich alle nach mir umdrehten. Einige Schüler lachten, viele aber starrten mich fassungslos an und wussten nicht, wie sie sich verhalten sollten. Einige hatten sicher Mitleid mit mir. Plötzlich erhob sich mein Deutschlehrer von seinem Sessel, kam auf mich zu und sagte halblaut in einem bisher nicht gekannten freundlichen und milden Ton zu mir: „Hör auf zu weinen und komm nach der Stunde mit mir mit!"

Plötzlich läutete es, der Herr Professor verließ nach der obligaten Abschiedszeremonie die Klasse und winkte mir zu, ihm zu folgen. Auf dem Gang erkundigte er sich wohlwollend nach meiner Befindlichkeit. Nachdem ich ihm kleinlaut und beschämt meine Situation geschildert hatte, trug er mir auf, kurz auf ihn zu warten. Er ging ins Konferenzzimmer und nach nicht langer Zeit kam er mit einem Buch in der Hand wieder heraus. Es waren „Die Sagen des klassischen Altertums" von Gustav Schwab; jenes Buch, das ich mir so sehr gewünscht hatte. „Wenn du es ausgelesen hast, gibst du es mir wieder zurück!", sagte er und fügte noch dazu: „Und wenn du wieder etwas zum Lesen brauchst, sagst du es mir und ich leihe dir wieder eines." So wurde ich zu einer richtigen Leseratte und verschlang die Bücher richtiggehend. Das Lesen wurde neben dem geliebten Sport zu meiner Lieblingsbeschäftigung und meine Deutschleistungen wurden immer besser, sodass ich in der vierten Klasse im Zeugnis mit der von diesem Professor sehr selten vergebenen Note „Sehr gut" belohnt wurde.

Ich durfte hin und wieder über das Gelesene referieren, mein aktiver Wortschatz vergrößerte sich wesentlich und ich wurde ein sehr sicherer Rechtschreiber.

Eine weitere Lichtgestalt unter den Lehrern dieses Gymnasiums war mein Geografieprofessor, dessen interessanten Unterricht ich vier Jahre lang genießen durfte. Er hinkte, verursacht möglicherweise durch Kinderlähmung oder eine Kriegsverletzung. Wahrscheinlich machte er durch sein Gebrechen immer einen traurigen Eindruck, war aber stets freundlich und nett zu allen Schülern. Jedenfalls bedeuteten seine Stunden immer ein Erlebnis für mich, sodass Geografie neben Turnen mein Lieblingsgegenstand wurde und ich bis zur Matura – ich maturierte auch mündlich in diesem Fach – immer die beste Zensur im Zeugnis hatte. Auch heute noch faszinieren mich Landkarten und es ist mir vergönnt, in meiner Pension zusammen mit meiner Frau viele der Länder und Städte zu bereisen, die mir aus meiner Schulzeit heraus so eindringlich im Gedächtnis verankert geblieben sind. Dazu kamen noch die Reiseromane von Karl May, welche meine Phantasie noch zusätzlich beflügelten. Leider wirkten die Verfilmungen später oft sehr desillusionierend.

Die übrigen Professoren waren alle von Grund auf solide Herren, die meisten schon etwas älter, denn es herrschte damals, zehn Jahre nach dem Krieg, für alle Schularten Lehrerüberschuss. Viele von ihnen hatten die Kriegszeit als aktive Soldaten an diversen Fronten verbracht, hatten sicher Schreckliches erlebt und waren froh, eine Stelle als Lehrer bekommen zu haben. Natürlich wirkte sich diese Zeit auch auf den Stil ihrer Unterrichts- und Erziehungsarbeit aus. Ihre obersten Maximen waren Pflichterfüllung, Fleiß, Ordnung, Gehorsam und Disziplin. Für einige Lehrer waren wir nur Schülermaterial, das den vorgegebenen Stoff eben zu lernen hatte. Eine persönliche Ansprache oder emotionale Zuwendung war, von bereits erwähnten Ausnahmen abgesehen, kaum gegeben. So sehr das heutigen Zielsetzungen nicht mehr entspricht, hatte dieses Verhalten doch den Vorteil, dass ich mir zumindest sicher sein konnte, als Folge entsprechenden Lernfleißes auch die entsprechenden Noten im Zeugnis zu erhalten.

Zumindest wurde, wie es für eine allgemeinbildende Schule verbindlich sein sollte, eine solide Bildung im kognitiven und motorischen Persönlichkeitsbereich vermittelt. Emotionale und kreative Aspekte standen in der Lehrtätigkeit der Gymnasiallehrer nicht im Vordergrund. Bildung im affektiven Bildungsbereich hatte demnach kaum einen Stellenwert. Vorherrschend war die Vermittlung von „materialer" bzw. „formaler" Bildung (Hermann Oblinger, Theorie der Schule, Auer-Donauwörth, 1975). Besonders stiefmütterlich behandelt wurde vor allem das Fach Musikerziehung. In der ersten Klasse hatten wir als Musiklehrer einen dicklichen, älteren Herrn, der gerne mit uns sang und auch sonst dieses musische Fach interessant unterrichtete. Ich wirkte sogar beim damals in der Stadt sehr geschätzten Schulchor mit und wir sangen die Chorpartien aus Haydns „Schöpfung", welche auf Initiative des Landeskonservatoriums einstudiert und – ich glaube – im Saal der Minoriten aufgeführt wurde. Leider verließ uns dieser liebenswürdige Professor nach der ersten Klasse und wir erhielten einen langweiligen und – so schien es mir jedenfalls – total unmotivierten jüngeren Mann, der nur Notenlehre ohne Verwendung auch nur eines Instrumentes unterrichtete und langweilig Musikgeschichte im Frontalunterricht vortrug. Kein einziges Hörbeispiel lockerte den Unterricht auf oder bereicherte diesen, und in drei Schuljahren sangen wir nicht ein einziges Lied. Dieser dubiose, keiner Musikmethode gerecht werdende und den Lehrplanforderungen in keiner Weise entsprechende Musikunterricht wäre für mich beinahe zum Stolperstein auf dem Ausbildungsweg zum Volksschullehrer geworden. Außer dass ich singen konnte, brachte ich bei der Aufnahmsprüfung für den Besuch der Lehrerbildungsanstalt keine musikalischen Grundlagen mit.

Sport wurde in unserem Gymnasium allerdings sehr forciert. Eine Turnstunde entfiel kaum, und musste unser Turnprofessor einmal einen abwesenden Kollegen vertreten, unterrichtete er nicht dessen Fach, sondern erkundigte sich immer vorher, ob ein Turnsaal frei sei. Und war dies einmal nicht der Fall, ging es im Laufschritt zum nahe gelegenen Augarten, wo wir uns in verschiedenen Spielen austoben konnten. Am liebsten spielten wir natürlich Fußball.

In der vierten Klasse bekamen wir einen anderen Turnlehrer. Auch dieser mochte mich gerne und würdigte meine sportlichen Leistungen. Wie groß war meine Freude, als ich ein Jahr später diesen hervorragenden Lehrer auch in meiner Ausbildung zum Volksschullehrer sowohl im Fach Leibesübungen als auch in Geografie genießen durfte! Darüber möchte ich im späteren Kapitel über die Lehrerausbildung berichten.

Die talentiertesten Sportler der Schule – und ich gehörte natürlich dazu – nahmen an fast allen, damals zum Unterschied von heute noch alljährlich stattfindenden Schulwettkämpfen wie Schlossberglauf, Geräteturnen und am leichtathletischen Dreikampf (50-Meter-Lauf, Weitspringen und Schlagball-Weitwerfen) teil. Lediglich bei den Schwimmmeisterschaften fehlte ich, da ich mangels entsprechender Möglichkeiten in der Volksschule nicht schwimmen gelernt hatte, sondern erst mit zwölf Jahren im Gymnasium, wodurch ich in dieser Sportart nie richtig heimisch wurde. Außerdem war ich spindeldürr, sodass mir wegen des fehlenden Körperfettes im Wasser schnell kalt wurde.

Es gab im Gymnasium auch im Winter jede zweite Woche einen regelmäßigen Schwimmunterricht im Hallenbad eines Sportgymnasiums in einem Randbezirk der Stadt, an dem ich gerne teilnahm. Vom Heim waren es aber gut zehn Kilometer dorthin. Wie es um meine finanzielle Lage bestellt war, ist aus dem Umstand zu ersehen, dass ich mir die Fahrt mit der Straßenbahn meistens nicht leisten konnte und den vierstündigen Hin- und Rückweg zu Fuß zurücklegte. Als ich mir beim Hochspringen aus übersteigertem Ehrgeiz einmal den Unterarm brach, wurde ich zwar mit der Rettung in das Landeskrankenhaus gebracht, den Heimweg und die Wege zu den sporadischen Nachuntersuchungen legte ich aber immer auf Schusters Rappen zurück. Niemand interessierte sich dafür, wie ich als Zwölfjähriger mit meinen Problemen in der doch über 250000 Bewohner zählenden Stadt zurechtkäme. Mir machte alles Spaß, was mit Bewegung zu tun hatte. Außerdem konnte ich so wenigstens für eine geraume Zeit dem Heimgefängnis entkommen.

Dass der Besuch eines Gymnasiums nach dem Krieg bis zum Anfang der Sechzigerjahre in Österreich ein Privileg für sozial besser situierte und einer höheren Bildung nähere Bevölkerungsschichten darstellte, zeigt der Umstand, dass es höhere Schulen nur in den größeren Städten gab. Außerdem musste auch Schulgeld entrichtet werden. Weil meine Mutter als Kriegswitwe nur eine Mindestrente bezog, zahlte sie keinen Beitrag und ich bekam die meisten Schulbücher aus der Schülerlade geliehen.

Ein Ehrfurcht gebietender, honoriger Herr war der Direktor der Schule. Tag für Tag stand er vor Unterrichtsbeginn im Eingangsbereich und kontrollierte, ob ja alle Schüler die Schuhe sorgfältig abstreiften und ihn anschließend durch kurzes Kopfnicken grüßten. Vergaß das ein Schüler, musste er durch die Seitenausgangstür das Schulhaus wieder verlassen, eine Ehrenrunde um das Gebäude drehen und durch den Haupteingang die Schule wieder betreten. Außerdem legte er auf die Einhaltung der Schulordnung größten Wert und er bediente sich dazu als Spitzel des, wie mir schien, in der Schule allgegenwärtigen Schulwartes, vor dem man niemals sicher sein konnte. Ich glaube noch heute, dass der Direktor hin und wieder sogar die Lehrer der Schule von unserem „Cerberus", wie wir ihn nannten, beobachten ließ.

Jede höhere Schule der damaligen Zeit war von einem gewissen Kasernenflair umgeben und auch die Erziehungsmethoden stammten aus einer Zeit, in der die oben erwähnten Verhaltensregeln oberste Maxime waren. Für das Ignorieren dieser und das Zuwiderhandeln gab es die entsprechenden Strafen: Für kleine Delikte wie Stören des Unterrichtes oder Zuspätkommen setzte es eine Klassenbucheintragung. Drei solcher Eintragungen sowie schwere Verstöße gegen die Schulordnung hatten einen ein- oder mehrstündigen Karzer zur Folge. Nach mehrmaliger Bestrafung durch diese letztgenannte strenge Erziehungsmaßnahme konnte, wenn sie nichts fruchtete, sogar der Ausschluss aus der Schule verhängt werden. Das war gar nicht so selten der Fall.

Ich hatte kaum disziplinäre Schwierigkeiten, lernte regelmäßig und fleißig, sodass auch meine Zeugnisnoten recht gut ausfielen. Ich erreichte immer leicht den für die Zuerkennung diverser materieller Begünstigungen notwendigen Notendurchschnitt und erinnere mich noch heute gerne an die vier Jahre im Gymnasium. Weniger erfreulich, ja geradezu ein Horror, war für mich der Lebensabschnitt, den ich während der Gymnasiumszeit in einem Landesschülerheim verbringen musste. Darüber werde ich in einem der folgenden Kapitel berichten.

In der Ferienzeit Leiharbeiter

Vorher will ich aber nicht verabsäumen, zu erzählen, wie ich in dieser Zeit als Zehn- bis Vierzehnjähriger meine Ferien verbrachte, während viele meiner Grazer Mitschüler sich im Meerwasser der oberen Adria tummelten oder mit ihren begüterten Eltern auf Sommerfrische in die Berge fuhren.

Wie schon erwähnt war meine Mutter eine Bauerntochter. Sie arbeitete und wohnte mit mir nach dem Krieg auf dem elterlichen Bauernhof und wartete vergeblich auf die Heimkehr meines Vaters. Nebenbei verdingte sie sich als Tagelöhnerin bei anderen Bauern im Dorf, um sich zu ihrer kargen Rente ein Zubrot zu verdienen. Meistens wurde sie mit Naturalien wie Brot, Milch, Schmalz, Eiern oder Gemüse entlohnt, denn die Bauern hatten in der Nachkriegszeit selbst nur wenig Geld. Sie war immer froh, wenn sie zu den verschiedenen Feldarbeiten geholt wurde.

Das Getreide wurde damals noch mit der Sense gemäht und mit einem Band aus einem Halmenbüschel zu einer Garbe zusammengebunden. So versuchte ich dummerweise eines Tages – es war noch in der Volksschulzeit und das Korn (der Roggen) wurde geerntet –, ein Garbenband zu winden und damit eine Garbe zu binden. Ich hatte den Dreh bald heraußen, was meiner staunenden Mutter, meinen Onkeln und meinen Großeltern sehr gut gefiel. Ich wurde in der Folge gleich zum Mithelfen eingespannt, was mich anfangs mit Stolz erfüllte, weil ich ja doch mit den Erwachsenen mitarbeiten durfte. Je länger aber die Arbeit in der sengenden Hitze dauerte, desto mehr verfluchte ich den Augenblick, in dem ich meine Handfertigkeit und meine Fähigkeit für diese Erntearbeit preisgegeben hatte. Von nun an wurde ich sehr häufig zu dieser Tätigkeit herangezogen, wenn ich nach

Erfüllung meiner schulischen Aufgaben mit Getränken auf das Feld nachkommen musste. Die Eile, nach dem Unterricht nach Hause zu gehen, hielt sich für mich fortan in Grenzen, was mir öfters ein wütendes Geschimpfe und nicht selten sogar Ohrfeigen eintrug. Schlimm war es, wenn ich durch mein Trödeln auf dem Heimweg von der Schule das im Keller gerichtete Apfelmostfässchen zu spät auf das Feld nachbrachte, während alle dort schon unter großem Durst litten.

Wie sich in den nächsten Jahren meine gute körperliche Verfassung und mein Geschick für bäuerliche Arbeiten auswirken sollten, möchte ich auch noch erzählen.

Die Firmpatin meiner Mutter bearbeitete zusammen mit ihrem Bruder eine für damalige Verhältnisse große Landwirtschaft. Sie waren also Bauern, im Unterschied zu den Keuschlern, deren Grundgröße und damit auch die Einnahmen sprichwörtlich zum Leben zu klein und zum Sterben zu groß waren. Von dieser Firmpatin erhielt meine Mutter alljährlich für entsprechende Arbeit ein abgespäntes Ferkel (Jungschwein, das nicht mehr auf die Muttermilch angewiesen war), welches sie mit Speiseresten und dem auf einem kleinen geerbten Acker angebauten Mais sowie der bei Bauern verdienten Gerste fütterte. Im Winter wurde das Schwein dann geschlachtet. Damit waren wir in der kalten Jahreszeit mit dem notwendigen Fleisch versorgt.

Um für Tätigkeiten bei anderen Bauern Zeit zu haben, wurde ich von meiner Mutter kurzerhand dem Geschwisterpaar als Arbeitskraft offeriert. Ich wurde zwar nicht wie ein Sklave verkauft, aber doch verliehen. Demnach war ich damals schon ein Vorreiter der heutigen Leiharbeiter. So gestalteten sich meine Sommerferien in den nächsten Jahren von selbst. Statt mich mit Freunden im städtischen Bad oder beim Fußballspielen auf dem daneben liegenden Sportplatz zu vergnügen, musste ich vor allem an schönen und heißen Tagen bei der Getreide- und Heuernte, beim Maisbrechen und am Abend beim Schälen des Kukuruzes, beim Stallreinigen und Viehfüttern schuften. Kurz und gut bei allen Arbeiten, die auf einem Bauernhof eben anfielen. Ich freute mich auf jeden Regentag und natürlich auch auf jeden Sonntag, denn da konnte ich dem Lesen – neben Sport war das meine liebste Beschäftigung – nachgehen. Damit der Leser einen kleinen Einblick in die Lebensweise der Bauern in den Jahren nach dem Krieg bekommt, möchte ich noch eine Episode aus meiner Zeit auf diesem Bauernhof schildern. Die tägliche Arbeit im Stall begann für mich meistens um sechs Uhr, anschließend ging es zur Erntearbeit auf einen Acker. Jause und die Getränke wurden mitgenommen, um Punkt neun Uhr wurde Brotzeit gemacht. Es gab fast jeden Tag dasselbe: von der Bäuerin selbst gebackenes Bauernbrot, Verhackert (Aufstrich aus zerhacktem oder gemahlenem Speck), manchmal auch in diesem Speck zur Konservierung eingelegtes, geselchtes Fleisch oder Selchwürste. Getrunken wurde ausschließlich ein aus den eigenen Äpfeln gepresster Apfelmost, der, weil bereits gegoren, nach umfangreicherem Genuss schon öfters auch Schwindelgefühle hervorrufen konnte. Einige Bauern hatten damals selbst eine Spindelpresse zur Mostproduktion aus eigenen Früchten. Mir schmeckte dieser Haustrunk jedenfalls hervorragend, obwohl alle aus einem kleinen Holzfässchen tranken, und ich freute mich jeden Tag auf die gute Jause. Zu Mittag war vorgesehen, im Bauernhaus zu essen, denn die Hausfrau hatte schon am Vortag vorgekocht. Doch dieses Mahl gönnte ich mir nur einmal. Es gab das bei vielen Bauern übliche gedünstete Süßkraut mit darüber gestreuten geschnetzelten Selchfleischstücken. Das Gericht wurde in einer großen, irdenen Schüssel mitten auf den massiven Küchentisch gestellt. Wir nahmen einen Löffel aus der Tischlade und aßen alle drei gleich aus der Schüssel, denn Teller wurden nur an Sonntagen bereitgestellt. Das Essen schmeckte mir ausgezeichnet, doch es sollte mein letztes Mittagsmahl bei meinem Arbeitgeber sein, so gegraust hat mich die Art, wie die Löffel gereinigt wurden. Bauer und Bäuerin schleckten ihre Löffel einfach ab, wischten sie in ihre nicht gerade reinen Arbeitsschürzen, in die sie sich bei Bedarf auch schnäuzten, und legten sie zu den anderen Löffeln in die Tischlade. Dort landete auch mein Esswerkzeug, ebenso gründlich abgeschleckt und von mir sorgfältig mit meinem Taschentuch getrocknet. Da die Löffel kreuz und quer in der Lade lagen, konnte ich nicht sicher sein, beim nächsten Mittagessen wieder den von mir schon einmal gebrauchten verwenden zu können. Nie mehr aß ich zu Mittag mit den beiden Geschwistern sondern immer zu Hause, mit der Ausrede, ich könne daheim während der Mittagspause Schlagermusik im Radio hören. Denn in diesem Bauernhaus befand sich, wie in den meisten Haushalten im Dorf, noch kein Rundfunkgerät.

Undenkbar für die heutige Zeit wäre der Mangel an Obsorge und Interesse sowie fehlende Sensibilität für mögliche Gefahren, denn in vielen Belangen waren vor allem die Heimkinder sich selbst überlassen. Auch meine Mutter kümmerte sich kaum um mich, war ihr Lebensinhalt als Bauerntochter doch in erster Linie von der Arbeit auf den elterlichen Feldern geprägt. So wuchs ich nicht übermäßig behütet auf. Außerdem wohnte ich während der Schulzeit ohnedies im Heim. Ein Erlebnis wie das nachstehend geschilderte wäre heutzutage in einer Zeit größtmöglicher Mobilität durch Motorisierung und Kommunikation mittels Handys nicht auszudenken.

Ich war noch nicht zwölf Jahre alt, als ich an einem Allerheiligentag den vom Hauptbahnhof abfahrenden Frühzug wegen einer langen Warteschlange am Kartenschalter verpasste. Der nächste Zug fuhr ca. zwei Stunden später, hatte aber keinen Anschluss zu meinem Heimatbahnhof, sodass ich bis zu meinem Zuhause gute fünfzehn Kilometer zu Fuß zurückzulegen hatte. Das Problem war aber, dass ich den Heimweg nicht genau kannte und auch einen schweren Koffer, gefüllt vor allem mit Schmutzwäsche und einigen Büchern, zu schleppen hatte. Der am sichersten zum Ziel führende Weg, so dachte ich mir, wäre wohl die Gleisanlage. Also machte ich mich auf dieser auf den Weg. Ich war kaum fünfhundert Meter gegangen, da stand ich plötzlich vor der Eisenbahnbrücke, welche über einen breiten Fluss führte. Auf dieser Brücke das reißende Gewässer zu überqueren, war strengstens verboten. Den Weg über die schmalen Bretter parallel zu den Schienen oder durch Springen von Schwelle zu Schwelle zu wagen, was ich tatsächlich ernsthaft überlegte, hätte fatal enden können. Vernünftigerweise kehrte ich um und fand erst nach langem

Umweg die sichere Straßenbrücke. So konnte ich gefahrlos über den Fluss gelangen, begab mich aber bald wieder zum Bahnkörper, auf dem ich – zwar verboten, aber sicher, mich nicht zu verirren – von Schwelle zu Schwelle sprang und nach gut drei Stunden auch meinen angestrebten Heimatbahnhof erreichte. Da ich bis zu meinem Dorf noch eine Stunde zu marschieren hatte, kam ich nach über vier Stunden Gehzeit müde, aber zufrieden mit meiner Leistung am späten Nachmittag zu Hause an. Meine Mutter fragte mich erst gar nicht nach den Umständen meines abenteuerlichen Heimweges.

Im Sommer des folgenden Jahres – ich durfte nun als über Zwölfjähriger bereits legal mit dem Fahrrad auf allen öffentlichen Straßen fahren – bekam ich zu meiner übergroßen Freude unter finanzieller Mithilfe meines Schweizer Onkels, welcher auch mein Firmpate war, ein Fahrrad geschenkt: ein damals besonders beliebtes und geschätztes Junior-Sportrad mit drei Außengängen. Ein Junior-Fahrrad musste es sein, da mein damaliges Rennsportidol auch eines dieser Marke fuhr.

Nach intensivem Drängen meinerseits erlaubte mir meine Mutter, mit meinem neuen Rad in die rund sechzig Kilometer entfernte Landeshauptstadt zu fahren. So hatte ich dort ein eigenes Fahrzeug zur Verfügung und musste lange Wege wie z. B. zum Schwimmen ins bereits erwähnte Hallenbad nicht mehr zu Fuß zurücklegen. Denn für die Fahrt mit der Straßenbahn besaß ich meistens nur für eine Richtung das nötige Geld. Außerdem fuhr ich in den wärmeren Jahreszeiten, so etwa nach Ostern und im Herbst bis Allerheiligen, oft mit meinem über alles geliebten Rad an freien Wochenenden samstags in aller Früh – natürlich ohne im Heim ein Frühstück bekommen zu haben, aber ein vom Vorabend gespartes Stück trockenes Brot tat es auch – nach Hause und am späten Sonntagnachmittag wieder ins Heim zurück. Das war für mich immer ein willkommenes Training und es erfüllte mich mit großem Stolz, wenn mich meine Mitschüler ob meiner außergewöhnlichen Leistung bestaunten. Schließlich legte ich eine Strecke als Zwölfjähriger in nicht einmal drei Stunden zurück. Außerdem ersparte ich mir das Fahrtgeld für den Zug.

Vier Jahre Landesschülerheim – vier Jahre gestohlene Kindheit

Um in der Landeshauptstadt ein Gymnasium besuchen zu können – es gab nur in wenigen Bezirkshauptstädten eine Langform der höheren Schule –, musste ich auch dort wohnen. Ein tägliches Fahren war wegen der großen Entfernung von daheim, aber auch mangels entsprechender öffentlicher Verkehrsverbindungen nicht möglich. Weil ich auch keine Verwandten oder Bekannten in einer Stadt mit einem Gymnasium hatte, welche mich aufnehmen hätten können, blieb mir nichts anderes übrig, als in einem Heim des Bundeslandes zu wohnen. Wegen der Nähe zur Schule und weil sich meine Mutter mit ihrer bescheidenen Rente für mich kein besseres Heim leisten konnte, war ich gezwungen, für die Mittelschulzeit eines – wie sich später auch für mich bewahrheiten sollte – der berüchtigten Landesschülerheime als Wohnstätte zu wählen. Dass das Gebäude eine Kaserne gewesen war, wusste ich bereits, doch dass der Aufenthalt dort an Schikanen einer Kaserne um nichts nachstand, sollte ich vier Jahre lang am eigenen Leib und an der eigenen Seele erfahren.

Schon der Anblick des Gebäudes war furchterregend. Eine hohe Mauer verwehrte mir den Einblick in den Innenhof. Nur die oberen Stockwerke konnten eingesehen werden. Durch eine enge Tür gelangten meine Mutter und ich nach kurzem Läuten und einem darauf folgenden Summerton in das Portierhäuschen, das baulich in die Mauer integriert war. Dort starrte uns hinter einem Schiebefenster sitzend ein schmächtiger Mann mit stechend scharfem Blick durch eine dickglasige Brille an. Ohne uns eine auch nur annähernd freundliche Geste zukommen zu lassen, nuschelte er einen kaum hörbaren Gruß vor sich hin und fragte mich dann nach meinem Namen. Diesen schrieb er auf einen vorgedruckten Zettel und dazu Datum und Uhrzeit unseres Erscheinens. Dieses Papier händigte er meiner Mutter aus, indem er das Fenster einen Spalt breit öffnete, und belehrte sie, es im Dienstzimmer des Heimgebäudes bestätigen zu lassen und ihm beim Verlassen des Areals wieder zurückzugeben. Dass dieser Wachhund in Zukunft in seiner Portierzelle allzeit gegenwärtig sein würde, ahnte ich bereits, da dort neben einem Tisch mit zwei Sesseln auch ein Bett bereitstand und ebenso eine Waschgelegenheit und eine Klosettmuschel vorhanden waren; gleichsam wie in einer Gefängniszelle.

Beim Verlassen des Häuschens fiel mir zur rechten Hand noch eine Tür auf, die, wie sich später herausstellen sollte, in ein kleines Besucherzimmer führte. Nur dort durften Besucher mit Heimschülern, sogenannten Zöglingen, sprechen. Das Betreten des Heimgebäudes war Außenstehenden nämlich strengstens verboten. Nicht einmal die Eltern waren im Heim gerne gesehen.

Nach dem Überqueren eines großen, ungepflegten Hofes, in dem die Wasserlacken nach dem Regen vor einigen Tagen noch nicht ausgetrocknet waren, betraten wir durch eine große Rundbogentür das Hauptgebäude und gelangten über einen unbeleuchteten, düsteren Stiegenaufgang in das erste Stockwerk direkt zum Dienstzimmer. Davor warteten bereits Eltern mit ihren Kindern, um das Aufnahmeverfahren hinter sich zu bringen. Fast alle Zöglinge hatten wie ich einen braunen Pappkartonkoffer neben sich stehen.

Bald waren meine Mutter und ich an der Reihe. Alle personenbezogenen Daten wurden aufgenommen, eine Heimnummer hatte ich bereits. Mit dieser mussten alle persönlichen Habseligkeiten – vor allem Kleidungsstücke – schon zu Hause gekennzeichnet worden sein. Weiters musste meine Mutter Name und Anschrift aller jener Personen angeben, die ich an dem zur Anwesenheit im Heim verpflichtenden Wochenende je nach Laune und Großzügigkeit des diensthabenden Erziehers eventuell besuchen durfte. Es war uns nämlich nur jedes zweite Wochenende erlaubt, nach Hause zu fahren, da jeder zweite Samstag schulfrei war. Nachdem meine Mutter auch den Zettel für den

Portier hatte bestätigen lassen, nahm mich ein kleiner Mann mit schütterem Haar, bekleidet mit einer ledernen Kniehose, die er – wie sich herausstellen sollte – Tag für Tag trug, in Empfang. Er stellte sich als Erzieher Dr. G. vor und erklärte meiner Mutter höflich, aber bestimmt, dass sie das Heim nun schon verlassen könne. Alles Weitere würde er mit seinen Zöglingen alleine bewerkstelligen. Meine Mutter, sichtbar überrascht und zu einem Widerspruch nicht fähig, drückte mich an sich und gab mir mit Tränen in den Augen einen Kuss auf die Stirn. Dann ging mein Erzieher mit mir einen langen Gang entlang. Ich drehte mich noch einmal um und winkte meiner sich mit einem Taschentuch die Tränen trocknenden Mutter zu, bis wir um eine Ecke verschwunden waren.

Jetzt begannen für mich, wie sich herausstellen sollte, die traurigsten und deprimierendsten vier Jahre meines Lebens. Gerade zehn Jahre alt, wurde ich aus einer vertrauten, natürlichen und an Erlebnissen reichen Umwelt herausgerissen und Menschen anvertraut, die sich Erzieher nannten, ihre Aufgabe aber ausschließlich darin sahen, in zynischer und Menschen verachtender Weise ihre Frustration über ihr eigenes verpfuschtes Leben an wehrlosen Kindern abzuladen.

Über die hässliche Umgebung des Heimes und das scheußliche Gebäude, welches diese ehemalige Kaserne war, möchte ich nicht viel berichten. Das Haus mitsamt seiner das gesamte Areal umgebenden Mauer und dem Portierhäuschen existiert heute noch, gehört nach wie vor dem Bundesland und hat sich baulich nicht verändert. Der Fassadenverputz ist schon teilweise abgeblättert und es steht fast leer. Lediglich einige Zimmer werden vom Landeskonservatorium als Übungsräume für die Musikschüler verwendet. Durch Zufall gelangte ich vor geraumer Zeit in mein ehemaliges Studierzimmer, in dem damals an die dreißig Schüler ihre Arbeiten für die Schule erledigten und auch ihre Freizeit hauptsächlich dort verbrachten. Und genau in diesem Raum hatte 45 Jahre danach meine Enkeltochter Klavierunterricht und ich holte sie einige Male dort ab. Den ehemaligen Sportplatz, eher eine Sandwüste, gibt es heute nicht mehr, denn an dieser Stelle wurde vor wenigen Jahren ein Schulgebäude errichtet. Die Gänge, Schlafzimmer und Waschräume waren natürlich nicht beheizt und Warmwasser gab es auch keines. Aber das war damals, wenige Jahre nach Kriegsende, in vielen Heimen so. Eltern, die wirtschaftlich gut situiert waren, schickten ihre Kinder kaum in solche Heime, sondern brachten sie bei privaten Quartiergebern unter.

Mein Erzieher führte mich als erstes in den Studier- und gleichzeitig wichtigsten Aufenthaltsraum, leicht erkennbar an den zahlreichen Tischen mit je zwei aufklappbaren schrägen Flächen – sogenannten Pulten – und zwei Sesseln. Die Wände waren mit Spinden aus Blech verstellt, sie sollten wohl zur Unterbringung unseres spärlichen Hab und Guts dienen.

Kaum war meine Mutter außer Sichtweite, veränderte sich das Gehabe dieses schmächtigen Mannes. Sein Gesichtsausdruck verhärtete sich und seine Stimme nahm einen kommandierenden Ton an. So sollten sich, wie sich bald herausstellte, in Zukunft alle sogenannten Erzieher im Umgang mit uns Zöglingen verhalten. Mit scharfer, barscher Stimme wies er mir einen Tischplatz und einen Schrank zu und forderte mich auf, meine Habseligkeiten entsprechend einzuräumen. Wie das zu tun sei, könne ich an bereits eingeräumten Spinden sehen, außerdem sei es möglich, im Ausnahmefall auch ihn zu fragen. Dies habe er aber nicht gerne, da er noch viele Schüler empfangen und einweisen müsse. Mit leicht drohendem Unterton fügte er noch hinzu, dass er die Ordnung im Kasten und in den Pulten noch vor dem Abendessen kontrollieren werde.

Verängstigt und allein gelassen begann ich meine Einräumarbeiten. Gott sei Dank war mein Spind- und gleichzeitig auch Tischnachbar bereits anwesend. Und weil geteiltes Leid halbem Leid gleichkam, schlich sich doch noch etwas Freude in meine triste Situation ein. Es war ein Schüler aus dem westlichen Teil des Bundeslandes, der mit mir vier Jahre lang dieselbe Klasse im Gymnasium besuchen sollte. Nach und nach trudelten auch die übrigen Leidensgenossen ein. Viele hatten Tränen in den Augen und so manches Taschentuch wurde gezückt. Auch sie mussten ihre Kleidungsstücke und die übrigen Utensilien vorschriftsmäßig einräumen, bis plötzlich unser kleiner Erzieher mit eiligem, festem Schritt den Studiersaal betrat und begann, die Ordnung in den Spinden und in den Pulten zu kontrollieren. Nach einigen Beanstandungen und der Prophezeiung, dass sich da noch einiges werde ändern müssen, befahl er uns, mit Besteck und Kaffeehäferl, einem weißen, stapelbaren Plastikgefäß, auf dem Gang in einer Zweierreihe zum Essengehen Aufstellung zu nehmen. Einige Gruppen, alles ältere Zöglinge aus anderen Studierräumen, standen bereits draußen, und auf Kommando marschierten wir los, hinunter in einen der beiden Speiseräume im Parterre. Was es damals zu essen gab, weiß ich heute nicht mehr. Erinnern kann ich mich jedoch noch gut daran, dass es im Saal immer lauter wurde, da vor allem ältere Zöglinge, die sich ja aus früheren Jahren bereits gut kannten, den Lärmpegel sukzessive steigerten, sodass unser Erzieher sofort ein allgemeines Sprechverbot verordnete. Dieses sollte später aus demselben Grund oft bis zu einer Woche ausgedehnt werden. Schüler, die gegen das Schweigegebot verstießen, wurden aus dem Speisesaal verwiesen und bekamen nichts mehr zu essen.

Nach dem Abendessen ging es wieder in einer Zweierreihe in den Studiersaal, wo uns ausführlich die Heimordnung nahegebracht wurde. Dabei wurde wie in der staatlichen Gesetzgebung für jedes Vergehen auch die entsprechende Strafe festgelegt, die vom Sportplatzverbot über den Entzug der Heimfahrtsberechtigung an Wochenenden bis zum Ausschluss aus dem Heim reichte. Auf jeden Fall wurde uns später bei allen möglichen Gelegenheiten klargemacht, dass es ein besonderes Privileg sei, in einem Landesschülerheim wohnen und ein Gymnasium besuchen zu dürfen. Es müsse nicht jeder maturieren, hieß es immer wieder, denn es würden in Österreich auch viele Handwerker und Hilfsarbeiter gebraucht.

Nach diesen ausführlichen Belehrungen begannen die Vorbereitungen für das Schlafengehen. Wir wurden, mit Pyjamahose und Hausschuhen bekleidet – die Tagesbekleidung musste fein säuberlich auf einem blechernen Nachtkästchen nach einer bestimmten Ordnungsfolge deponiert werden – und den notwendigen Toilettenartikeln wie Handtuch, Seife, Handbürste und Zahnputzzeug, in den Waschraum geführt. Dort befand sich ein langer Betontrog, über dem etliche Wasserhähne an offen verlegten Eisenrohren und Aufhängevorrichtungen für die Handtücher montiert waren. Es gab kein Warmwasser. Warm geduscht wurde nur an jedem Donnerstagnachmittag in einem über dem Hof erreichbaren Duschhaus, das mich Jahre danach an die Gaskammern des Dritten Reiches erinnerte, als ich das Konzentrationslager in Mauthausen besuchte. Dass die Waschräume des Heimes nicht beheizbar waren, merkten wir erst in den kalten Jahreszeiten, in welchen wir sowohl in der Früh als auch am Abend bei knapp über null Grad mit nacktem Oberkörper zur Körperpflege getrieben wurden.

Bereits an diesem ersten Abend bekam ich den Zynismus unseres Gruppenerziehers, der allerdings – wie sich später herausstellen sollte – noch der menschlichste unter allen Aufsehern war, zu spüren. Ich ging, da ich wie schon erwähnt auf dem Land aufgewachsen war, während der Sommermonate – das waren die Monate ohne „r" im Namen – immer bloßfüßig. Sogar zum Schulgehen hatte ich – wie übrigens fast alle Buben und Mädchen – keine Schuhe an. Dadurch bildete sich auf den Sohlen eine Hornhaut in dunkelgrauer Farbe, welche sich sowohl durch Waschen als auch gründliches Bürsten nicht gleich entfernen ließ. Als unser Erzieher die Füße kontrollierte und meine Fußsohlen erblickte, brüllte er mich wie ein Irrer mit „Du Ferkel!" an und fragte mich, ob ich in einem Schweinestall aufgewachsen sei, denn anders könne er sich meine dreckigen Haxen nicht erklären. Dabei forderte er mich auf, meine verwitterten Sohlen auch meinen Mitschülern zu zeigen, was diese mit höhnischem Gelächter quittierten und mich einige Zeit lang als Bauernferkel titulierten. Jedenfalls schickte mich mein Peiniger noch einige Male zum Füßewaschen in den Waschraum, während die anderen Zöglinge schon im Bett lagen. Schließlich gab er wegen Erfolglosigkeit auf und ließ auch mich schlafen gehen. Erst als sich die Fußsohle durch ständiges Schrubben und durch die Erneuerung der Haut nach etwas länger als einer Woche wieder aufhellte, hatte ich von meinem Erzieher und den Schülern endlich Ruhe. Ich schlief lange nicht ein, so sehr war ich innerlich aufgewühlt. Doch irgendwann musste sich der Schlaf meiner bemächtigt haben, denn eine schrille Trillerpfeife und der Ruf „Alles aufstehen!" rissen mich jäh aus dem Reich der Träume. Es war viertel sieben Uhr und Zeit, aufzustehen. Uns wurde unmissverständlich befohlen, sofort unsere Liegestatt zu verlassen, die Matratzen durch Zurückschlagen der Decke zu lüften und uns mit nacktem Oberkörper in den Waschraum zu begeben. Dort wuschen wir uns mit eiskaltem Wasser Gesicht und Hände und putzten auch gleich unsere Zähne, denn nach dem Frühstück war keine Zeit mehr dafür. Dann mussten wir uns anziehen, die Betten nach genauer Vorschrift machen – was natürlich täglich kontrolliert wurde – und uns anschließend zu einem halbstündigen Frühstudium in das Studierzimmer begeben. Während dieser Lernzeit schliefen immer wieder Zöglinge ein, was zur Folge hatte, dass sie den Rest der Zeit stehend lernen mussten und für die nachmittägliche Freizeit mit einem der vielen Verbote belegt wurden. Um viertel acht Uhr ging es – natürlich in Reih und Glied und mit dem Kunststoffhäferl in der Hand – zum Frühstück. Da hatten wir gerade einmal eine knappe Viertelstunde Zeit, zwei Stück Schwarzbrot mit einer undefinierbaren, aus keiner mir bekannten Frucht hergestellten Marmelade als Aufstrich zu essen und dazu eine Tasse Tee oder Kakao zu trinken. Wie ich später erfuhr, handelte es sich bei dieser unangenehm süß schmeckenden Konfitüre um Kürbismarmelade. Diese wurde auf dem Lande nicht eingekocht und war verpönt, obwohl es Kürbisse in Hülle und Fülle gab.

Als Jause für den Vormittag durften wir ein Stück Schwarzbrot mitnehmen, das wir einem bereitgestellten Korb entnahmen. Manchmal gab es einen Apfel dazu. Dass ja nicht mehr als je ein Stück entnommen werde, wurde von einer Küchengehilfin penibel kontrolliert. Es war uns erlaubt, den Speisesaal nach dem Frühstück einzeln zu verlassen, was wir meistens im Eiltempo taten, denn es blieb nur wenig Zeit für das Anziehen der

Oberbekleidung und den Weg zur Schule, wo der Unterricht pünktlich um acht Uhr begann. Etwas mehr Zeit zum Frühstücken hatten wir, wenn der Unterricht am Nachmittag stattfand, was alle zwei Wochen der Fall war.

In solchen Wochen war der Samstag unterrichtsfrei und wir durften nach Hause fahren, worauf ich mich natürlich besonders freute. Da ich am Freitagabend keine Zugverbindung mehr hatte, nahm ich den ersten Zug am Samstag in der Früh, der kurz nach sechs Uhr vom Hauptbahnhof abfuhr. Da hieß es, spätestens um fünf Uhr aufzustehen und mit dem Koffer in der Hand zu Fuß – die Fahrt mit der Straßenbahn konnte ich mir nicht leisten – ca. eine halbe Stunde zum Bahnhof zu eilen. Frühstück gab es natürlich keines, auch kein Stück Brot zur Wegzehrung.

Die Zugfahrt dauerte ungefähr eineinhalb Stunden und anschließend hatte ich bis zu meinem Heimatdorf noch gute fünf Kilometer Fußmarsch vor mir. Bei schönem Wetter war das für mich kein Problem, außerdem fuhr ich ja dann oft mit dem Fahrrad, doch wenn es regnete oder im Winter gar schneite und beißend kalt war, kam ich bis auf die Haut durchnässt bzw. mit eiskalten Zehen und Fingern zu Hause an. Die schweinsledernen, von unserem Dorfschuster handgefertigten und ungefütterten Schuhe sowie die von meiner Großmutter selbst gestrickten Fäustlinge schützten nicht lange vor der klirrenden Kälte.

Am Sonntagabend ging es wieder mit dem Dampfzug in die Stadt. Sommers und winters marschierte ich mit meinem Pappkoffer in der Hand bei jeder Witterung die beinahe fünf Kilometer zum Bahnhof. Dabei begleitete mich meistens meine Mutter auf dem halben Weg bis zu einem Feldkreuz und erzählte mir dabei, dass sie auch ihren Mann – meinen Vater, der ja im Krieg gefallen war und den ich nie gekannt hatte – immer bis hierher begleitet habe, bis er dann nicht mehr heimgekehrt war. Es ist für mich immer noch eine Art Schicksalsweg, denn ich gehe ihn auch heute noch gerne mit meiner Frau und denke dabei immer an meinen Vater, den ich nie bewusst kennengelernt hatte. Ich war doch erst zwei Monate alt, als er das letzte Mal zu Hause war. So ist er mir leider nur von einigen Fotos her bekannt.

Nachdem ich am Abend wieder im Heim angekommen war, saßen bereits einige Schüler im Studierzimmer beim Abendstudium, das für alle am Wochenende im Internat verbliebenen oder vorzeitig zurückgekehrten Zöglinge verpflichtend war. Auch ich musste mich dazu gesellen, nachdem ich meinen Koffer ausgepackt hatte. Vom Erzieher, der natürlich alle Fahrpläne besaß, wurde genau kontrolliert, ob wir wohl in einer möglichst kurzen Zeit vom Bahnhof in das Heim zurückgekehrt waren. Fußgeher durften maximal eine Dreiviertelstunde brauchen, Straßenbahnfahrern wurde eine halbe Stunde zugebilligt.

So vergingen Tage und Wochen. Unser Erzieher und auch andere, die ihn zeitweise vertraten, wenn er dienstfrei hatte, setzten bei jedem kleinen Vergehen entsprechende Strafen. Es wurde sogar während der Lernzeiten registriert, wie lange man auf dem Klosett verbrachte. Waren wir einmal länger aus, mussten wir uns deshalb rechtfertigen, was oft nichts nützte, denn wenn ein Aufseher – und anders kann ich diese Menschen nicht bezeichnen – sich einbildete, dass die Aufenthaltszeit dort zu lang war, wurde die Studierzeit nach dem Abendessen unverhältnismäßig verlängert. Ein einmaliges Zuspätkommen zur Studierstunde, zum Essen oder zur Nachtruhe bewirkte meistens ein Sportplatzverbot und im Wiederholungsfalle sogar ein Heimfahrverbot. So kam es vor, dass Schüler vier Wochen von zu Hause fernbleiben mussten. Ich erlebte das auch einige Male und es war sehr belastend für mich. Da konnte es schon sein, dass ich bittere Tränen vergoss. Diese konnten aber die Zyniker nicht erweichen. Ich hatte oft das Gefühl, dass diese Sadisten Freude daran hatten, die ihnen anvertrauten Schüler zu schikanieren.

Die schlimmste Zeit begann für uns, als wir eines Tages im Winter – ich glaube, ich ging in die zweiten Klasse – in der Früh von einer fremden Stimme geweckt wurden und ein großer, jüngerer Mann mit einem schmalen Oberlippenbart in der Schlafraumtür stand. Nach einem lauten „Guten Morgen! Alles aufstehen!" meinte er nur kurz, dass wir ja wüssten, was wir zu tun hätten, und dass ein Zuwiderhandeln die entsprechende Strafe nach sich zöge. Da wir ja bereits alle entsprechend dressiert waren, verlief dieser Tag auch unter seiner Aufsicht ohne Beanstandungen.

Einiges möchte ich zur Person dieses neuen Herrn Erziehers, wie sich auch alle diese Aufseher ansprechen ließen, festhalten, da er für mehr als die nächsten zwei Jahre unser schlimmster Peiniger werden sollte: Er war groß und schlank, schlampig gekleidet und trug einen Oberlippenbart. Wie wir im Laufe der folgenden Zeit erfuhren, hatte er vor etwa zwei Jahren maturiert und studierte anschließend als Sohn des Mathematikprofessors eines Gymnasiums, das auch einige Schüler unseres Heimes besuchten, erfolglos Mathematik und noch ein Lehramtsfach. Wahrscheinlich wurde er, von seinem Vater protegiert, als Erzieher ohne entsprechende Qualifikation angestellt. Eine pädagogische Ausbildung hatte meines Wissens sowieso kein Aufsichtsorgan im Heim. Fast drei Jahre lang wurden wir von ihm drangsaliert, und er erfand immer wieder neue Schikanen, um uns das Leben zur Hölle zu machen.

Es begann bereits an einem der ersten Tage. Um neun Uhr war wie üblich Nachtruhe, da sollte nach dem Abschalten des Lichtes nicht mehr gesprochen werden, damit alle die zum Schlafen nötige Ruhe fänden. Gegen leises Flüstern mit dem Bettnachbarn hatte aber kein Erzieher etwas einzuwenden. Nicht so der neue. Er lauschte offensichtlich an der Tür, denn plötzlich riss er sie auf und fragte in einem barschen, aggressiven Ton, wer hier noch gesprochen habe. Da sich niemand meldete, holte er gleich alle aus den Betten und ließ uns eine halbe Stunde davor stehen. Einige hatten bereits tief geschlafen, doch das war ihm egal. „Mitgefangen! Mitgehangen!" war sein Motto, und so wurden sehr oft Unschuldige das Opfer seiner beliebten und häufig praktizierten Kollektivstrafen.

Seine Erziehungsmethoden wurden immer differenzierter und schikanöser. Bei seinem nächsten Nachtdienst nach einigen Tagen lauschte er abermals an der Tür, und als er vermeinte, wieder ein Flüstern zu vernehmen, stürmte er in den Saal, drehte das Licht auf und schrie: „Alle aus den Betten und im Studiersaal vor den Spinden Aufstellung nehmen!" Solche Töne hörte ich später beim Militärdienst, aber da war ich schon zwanzig Jahre alt und entsprechend abgebrüht. Ich hatte übrigens schon fest geschlafen und lief, erschrocken und noch schlaftrunken, mit weichen Knien zum befohlenen Ort und stellte mich vor meinen Schrank. Dann ließ er uns den gesamten Schrankinhalt herausnehmen, diesen auf die Pulte legen und gleich wieder einräumen. Dabei schaute er unablässig auf seine Uhr. Und weil ihm die für das Einräumen benötigte Zeit zu lang erschien, mussten wir denselben Vorgang so oft wiederholen, bis die Gesamtzeit für das Aus- und Einräumen nicht länger als fünf Minuten dauerte. Mit dem Erreichten zufrieden, ließ er uns mit einem diabolischen, schadenfrohen Grinsen zu Bett gehen. Es war mittlerweile schon lange nach zehn Uhr geworden und wir fielen todmüde ins Bett. Doch damit war sein Sarkasmus noch lange nicht gestillt: Am nächsten Tag mussten wir das halbstündige Frühstudium stehend absolvieren.

Wir alle sahen seinen Nachtdiensten jedes Mal mit großer Angst entgegen, denn seine Phantasie für Quälereien, die beinahe Foltern gleichkamen, hatte noch lange kein Ende. Eines Abends kündigte er nach seiner Lauscherei – und es hatte damals kein Einziger auch nur einen Flüsterton von sich gegeben – an, uns um fünf Uhr zu wecken. Das Weitere würden wir sehen. Es war, und daran kann ich mich noch haargenau erinnern, Winter und die Temperaturen lagen sicher weit unter null Grad. Diese Kälte merkten wir unter anderem draußen an der kondensierten Atemluft. Um Punkt fünf Uhr ertönte das Kommando: „Aufstehen! Waschen! Anziehen und vor den Kästen im Studiersaal Aufstellung nehmen! Und zwar im Laufschritt!" Dann ließ er uns wieder einmal die Spinde ausleeren, was wir ja schon durch x-maliges Üben fast im Schlaf beherrschten. Doch jetzt kam der Höhepunkt seiner schäbigen und unmenschlichen Erziehungsmethoden: Wir mussten unser gesamtes Hab und Gut bei beißender Kälte in den Hof tragen und dort in den hart gefrorenen Schnee legen. Nachdem alle diese schikanöse Tätigkeit erledigt hatten, durften wir alles wieder in den Studiersaal tragen und fein säuberlich in den Schrank schlichten. Doch die Tortur hatte noch kein Ende: Im Anschluss mussten wir bis zum Frühstück eine gute Stunde stehend lernen. Einigen fielen dabei die Augen zu. Diese wurden für den Nachmittag mit Freizeitentzug und einer zusätzlichen Arbeit in Form eines Aufsatzes bedacht. Dazu hatte sich dieser Sadist eine weitere Schikane ausgedacht. Er hatte sich nämlich eine Sammlung etlicher Aufsatzthemen zurechtgelegt und jedes Thema auf einen Zettel geschrieben. Wir durften durch Ziehen eines Blattes auswählen, worüber wir dann in der Freizeit ausführlich zu schreiben hatten. Wie umfangreich die Niederschrift sein sollte, legte er nach Gutdünken durch die Angabe einer erforderlichen Seitenanzahl fest. Zwischen zehn und zwanzig Seiten wurden uns seiner Laune entsprechend dabei abverlangt, womit die gesamte individuelle Gestaltungsmöglichkeit der so schon spärlichen Freizeit gestrichen war. Die Aufsätze wurden von ihm in unserer Anwesenheit korrigiert, wobei jeder Fehler unter lautem, zynischem Mitzählen der Fehleranzahl mit einem schadenfrohen Grinsen quittiert wurde. Denn bei mehr als zehn Fehlern musste am nächsten Tag – natürlich in der Freizeit – über ein anderes Thema geschrieben werden, was bei schwächeren Rechtschreibern durchaus häufig der Fall war, sodass sich dieses sarkastische Prozedere oft tagelang hinzog. Ich war in der Orthographie relativ sicher, sodass ich diese längere Tortur Gott sei Dank nie erdulden musste. Im Gegenteil: Ich korrigierte oft die Niederschriften meiner Mitschüler, damit diese vor einem weiteren Freizeitentzug verschont blieben.

Sehr traf mich das Verhängen eines Sportplatzverbotes, das bei kleinsten Vergehen gerne von allen Erziehern verhängt wurde, da ich sehr gerne Fußball spielte und es für mich eine große Qual bedeutete, vom Fenster des ersten Stockwerks aus zuschauen zu müssen, wie die anderen Mitschüler sich auf dem Fußballplatz tummelten und austobten. Sehr oft wurde dieses Verbot aber kollektiv ausgesprochen und niemand von meiner Studiergruppe durfte auf den Sportplatz.

Eines Tages wurde von der Landesregierung als Heimerhalter ein Deutscher – wie aus der Aussprache unschwer zu erkennen war – als Erzieher angeheuert. Dieser verstand sich mit unserem

Oberpeiniger vom ersten Tag an ausgezeichnet und war Spezialist für Sprechverbote bei allen möglichen Gelegenheiten wie beim Anstellen auf dem Gang, beim Essen, beim Waschen und Duschen. Eines Tages, wir aßen gerade Brot zu einem Gemüseeintopfgericht, sprang er plötzlich von seinem Sessel am Erzieheresstisch auf, stürzte auf einen Buben, der gerade einen Bissen von einem Stück Brot abbeißen wollte, zu und brüllte ihn wie ein Irrer in typisch preußischem Kommandoton an: „In ein Brot wird nicht gebissen, sondern davon abgebrochen. In Deutschland isst man so. Habt ihr alle keine Tischmanieren? Ihr fresst ja wie die Schweine." Das war natürlich auch für unseren Stammsadisten Wasser auf seine Schikanenmühle, und von nun an wurde auch jeder „Brotabbeißer" von ihm beanstandet und natürlich mit einer entsprechenden Strafe bedacht.

Tröstende, das traurige Heimleben erträglicher machende Lichtblicke waren einige liebe Mitschüler. Einer davon hieß Erich und stammte auch aus einem Dorf in der Südsteiermark. Unsere Eltern kannten einander bereits aus der Vorkriegszeit und auch er war wie ich Halbwaise. Wir fuhren oft mit demselben Zug nach Hause bzw. wieder nach Graz zurück. Er wurde meistens von seiner etwas älteren Schwester begleitet, die ihn auch im Heim öfters besuchte und ihm Süßigkeiten oder Obst mitbrachte. Um diese Schwester beneidete ich ihn oft. Natürlich ließ er mich an den Köstlichkeiten immer wieder partizipieren. Unsere Betten standen nebeneinander, sodass wir einander die Hände reichen konnten und meistens auch so in das Reich der Träume hinüber glitten. Oft kraulten wir einander die Unterarme und auch in den Ellenbeugen, denn das angenehme leichte Kitzeln hatten wir beide sehr gerne und es ließ uns friedlich und schnell einschlafen. Er war kleiner und schmächtiger als ich und konnte und wollte sich auch nicht gegen die Sticheleien und Aggressionen – heute würde man das als Mobbing bezeichnen – seitens mancher brutaler Mitschüler wehren, sodass ich ihn öfters beschützte, obwohl ich zwar nicht wesentlich größer war, doch etwas kräftiger und vor allem aggressiver und mutiger, was sicherlich von meinem naturverbundenen wilden Heranwachsen auf dem Lande herrührte.

Außerdem war er friedliebender als ich und jeglicher physischer Gewaltanwendung abgeneigt. Leider blieb Erich bis zur Matura in demselben Heim, während ich nach der vierten Klasse vom Gymnasium in die damalige Lehrerbildungsanstalt und damit auch in ein anderes Heim wechselte, in welchem die Erzieher weitaus humaner waren und in dem ich mich fünf Jahre lang sehr wohl fühlte. Ich verlor meinen Freund durch den Schul- und Heimwechsel leider für längere Zeit gänzlich aus den Augen.

Was wurde nun aus unseren sogenannten Erziehern? Da ich das Heim, wie schon erwähnt, nach vier Jahren verließ, kann ich nur berichten, was mir mein ehemaliger Schulfreund und Leidensgefährte erzählte, als ich ihn nach etlichen Jahren wieder traf. Und er bestätigte mir immer wieder, was wir damals Ungeheuerliches erleben und wie viel Leid wir ertragen mussten. Sein Leidensweg dauerte vier Jahre länger, denn er blieb bis zu seiner Matura im gleichen Heim, denn auch seine Mutter – wie meine ebenfalls eine Witwe – konnte sich für ihn keine andere menschlichere Unterkunft leisten. Er studierte nach der Reifeprüfung an der Technischen Hochschule Maschinenbau, während ich die Berufslaufbahn zum Pflichtschullehrer einschlug, weshalb ich dieses unsägliche Heim auch früher verlassen konnte.

Mein erster Erzieher lernte noch während meiner Heimzeit die verwitwete Mutter eines Schülers kennen, ehelichte sie und beging Selbstmord, da er von seinem missratenen Stiefsohn maßlos gepeinigt wurde und in seiner Frau nicht den nötigen Rückhalt fand. Die Respektlosigkeiten und Frechheiten seines angeheirateten Sprösslings, gegen die er sich nicht wehren konnte, bekamen wir bereits im Heim des Öfteren mit und registrierten sie anfangs mit kindlicher Schadenfreude. Später waren mir aber die verbalen Auseinandersetzungen zwischen den beiden äußerst peinlich. Dieser Zögling legte sich auch immer wieder mit seinen Mitschülern an, was er bei mir nach einer erhaltenen Tracht Prügel jedoch nur einmal versuchte. Einige andere unter seiner Gewaltherrschaft Leidende waren mir dafür dankbar, wenn ich ihn verdrosch, und suchten immer wieder Schutz bei mir vor seinen despotischen Übergriffen. Unser Oberpeiniger durfte seine Zöglinge noch jahrelang schikanieren, obwohl ein Schüler in der Schule während des Unterrichts einschlief und dieser als Grund für seine Müdigkeit die Unterbrechungen der Nachtruhe durch die unmenschlichen Erziehungsmaßnahmen seines Erziehers seinem Professor schilderte. Dieses Geschehen erregte zwar Aufsehen, hatte aber keine Konsequenzen für ihn. Wie ich selbst später erfuhr, machte er in der Folge die Ausbildung zum Berufsschullehrer, unterrichtete an einer Landesberufsschule und war auch bis zu seiner Pension Erzieher im angeschlossenen Lehrlingsheim. Es gab auch dort größte Probleme mit ihm sowohl als Lehrer als auch Erzieher, sodass es nach Schilderungen von Lehrlingen sogar zu Schlägereien zwischen diesen und ihm kam. Konsequenzen hatte das alles aber wieder keine. Er ist, so glaube ich, von meinen in diesem Buch geschilderten Lehrern und Erziehern aus der Mittelschulzeit der einzige, der noch lebt.

Zum Abschluss dieses traurigen Kapitels noch einige Sätze zur Verpflegung im Heim. Das Frühstück bestand aus Kakao oder Tee und zwei Stück Schwarzbrot. Als Aufstrich gab es jeden Tag die gleiche bereits geschilderte ungenießbare Kürbismarmelade. Meine Mutter gab mir jedes Mal, wenn ich zuhause war, zwei oder drei Gläser mit herrlicher, selbst eingekochter und aus Früchten eigener Ernte stammender Zwetschken- oder Ribiselmarmelade mit. Bereits am Montag in der Früh ging ein volles Glas mit dem köstlichen Inhalt um die Runde meines Siebenertisches und kam – wie konnte es anders sein – natürlich leer zurück. Meine Leidensgenossen hatten sich diesen leckeren Aufstrich auch genüsslich und ausgiebig schmecken lassen. So war es jedes Mal, wenn ich ein Glas Marmelade von zu Hause mit in den Speisesaal nahm.

Zu Mittag gab es für mich undefinierbare Suppen, die mir aber geschmacklich meistens zusagten und die ich recht gerne aß, stillten sie doch einigermaßen meinen Hunger. Denn die Hauptspeise war für mich oft so scheußlich, dass mir bereits beim ersten Schluckversuch speiübel wurde. Die fast jede Woche aufgetischten

Gerichte waren Mohnnudeln mit Apfelmus, Grenadiermarsch mit Kraut- oder Rohnensalat, Kartoffelnudeln mit Paradeisersoße, Rübeneintopf mit Wursteinlage oder Bohnen bzw. Linsen mit Speck. Die spärlichen Wurstscheiben oder Speckstücke wurden von den ersten vorne am Tisch sitzenden Zöglingen regelmäßig herausgefischt. Ein ganzes Stück Fleisch wie Wiener Schnitzel bzw. Schweine- oder Rinderbraten gab es vielleicht an Sonntagen, wenn nicht so viele Schüler im Heim waren. Manches Mal kamen Bratwürstchen oder Leberkäse mit Kartoffelpüree auf den Tisch. Diese Gerichte wurden in Ermangelung besserer bald zu meinen Lieblingsspeisen. So konnte ich mich gelegentlich satt essen, da es wenigstens Kartoffeln, die ich in jeder Art der Zubereitung gerne aß, immer zur Genüge gab. Auch heute esse ich Leberkäse noch immer gerne, vor allem in Verbindung mit Erdäpfelsalat.

Das Abendessen bestand meistens aus Schwarzbrot mit einem oft undefinierbaren Aufstrich und Tee, welcher ein braunes, übel schmeckendes Gebräu war, dem jegliche Zutaten wie genügend Zucker, Zitronensäure oder gar Honig fehlten.

Es war für mich auf Grund dieser spärlichen und miesen Verpflegung nicht verwunderlich, als ich einige Jahre später in einer Tageszeitung lesen sollte, dass es zu Unregelmäßigkeiten in der Wirtschaftsleitung gekommen sei. Einige Jahre später wurde der Heimbetrieb geschlossen. Haus, Verpflegung und Erzieherpersonal waren der Jugend nicht mehr zuzumuten.

Die Lehrerbildungsanstalt – ehrwürdig, verstaubt und stockkonservativ

Allgemeines

Mein Entschluss, vom Gymnasium in die Lehrerbildungsanstalt (LBA) zu wechseln, hatte zwei Gründe: Erstens wollte ich schon immer Lehrer werden und zweitens wurden im Jahre 1958 erstmals zwei männliche Ausbildungsjahrgänge aufgenommen, weil sich in absehbarer Zeit durch vermehrte Schülerzahlen und ein für Lehrer günstigeres Schulgesetz, welches u. a. die Herabsetzung der Klassenschülerhöchstzahlen, aber auch die Verminderung der Lehrverpflichtung für die Lehrer beinhaltete, ein akuter Personalmangel abzeichnete. So konnte ich nach Absolvierung der fünfjährigen LBA mit einer sicheren Anstellung als Volksschullehrer rechnen.

Ich meldete mich also an dieser Schule an, musste aber, um aufgenommen zu werden, eine Aufnahmsprüfung absolvieren, welche aus den Fächern Deutsch, Zeichnen, Musikerziehung und Turnen bestand. Ich legte diese Prüfung erfolgreich ab und besuchte ab Herbst die Ausbildungsstätte für Pflichtschullehrer.

Außerdem wechselte ich das Heim und wohnte nun fünf Jahre lang in einem von der katholischen Kirche betriebenen Lehrerheim unweit der neuen Schule. Über die neue Wohnstätte möchte ich nicht ausführlicher berichten. Positiv hervorkehren will ich aber doch, dass ich mich dort von der ersten Stunde an wohl fühlte. Das kleine, sympathische, zu einem Heim umfunktionierte Schlösschen lag in einem Park und war sicher außen und innen schon seit Langem höchst renovierungsbedürftig. Ein kleiner Sportplatz befand sich hinter dem Gebäude. Außerdem vermittelten Bäume,

Sträucher, Wege und Bänke spontan ein Gefühl der Behaglichkeit. Da auch alle Erzieher nett und menschlich – einige sogar richtige Kumpels – waren und es auch an der Verpflegung kaum etwas auszusetzen gab, verbrachte ich dort fünf schöne Jahre, für die ich heute noch dankbar bis. Ich war jedenfalls der Hölle des Landesschülerheimes entkommen.

Dieses umfangreiche Kapitel ist demnach meiner fünfjährigen Ausbildungszeit an der Lehrerbildungsanstalt gewidmet, die mit der Matura abschloss, welche zum Unterricht an Volksschulen, aber auch zum Studium an allen Hochschulen berechtigte. Diese ehemalige, öffentliche LBA war damals neben zwei adäquaten weiblichen und von Klöstern betriebenen Anstalten das Mekka der durch Jahrzehnte hindurch bewährten gediegenen Pflichtschullehrerausbildung. Entsprechend anerkannt wurde sie in der Öffentlichkeit und entsprechend elitär betrachteten sich auch viele der dort unterrichtenden Lehrer, von den akademisch ausgebildeten Fachprofessoren bis zu den Übungsschullehrern an der dort eingerichteten Volksschule. Um sein Kind in dieser Übungsvolksschule unterzubringen, bedurfte es einer gehörigen Portion an Beziehungen. Entsprechend gering war leider auch die Heterogenität der sozialen Herkunft und Leistungsfähigkeit der Schüler. Doch das wurde mir erst viel später bewusst. Leistungshomogene Übungsklassen eignen sich nicht dazu, um schon in der Ausbildung mit den späteren Berufsbedingungen vor allem auf dem Lande konfrontiert zu werden.

Ich möchte deshalb nochmals auf den im Vorwort geschriebenen Hinweis zurückkommen, wonach ich höchstwahrscheinlich nicht immer in der Lage sein werde, in meinen folgenden Ausführungen über meine LBA-Zeit genau zu unterscheiden, wie weit es sich um zeitauthentische Aussagen oder bereits um eine Vermischung von damals Erlebtem mit Erfahrungen und Reflexionen aus meiner vierzigjährigen Berufszeit als Volksschullehrer handelt.

Schon das Äußere des Schulgebäudes aus der Gründerzeit machte auf mich einen zwar antiquierten, aber durchaus Achtung gebietenden Eindruck. Im Inneren waren Stiegenhaus und Gänge genauso düster, wie ich diese schon vom Gymnasium her kannte. Erster Sammelraum war der große Festsaal mit einer sehenswerten Orgel an einer Stirnseite. Diesen Saal kannte ich schon von der Aufnahmsprüfung her. Er diente sowohl der männlichen als auch der weiblichen Anstalt, welche als getrennte Schulen im selben Gebäude untergebracht waren, als Raum für festliche Angelegenheiten. Der rechte Schulhaustrakt war den Kandidatinnen, der linke den Burschen zugeteilt. Es waren zwar getrennte Eingänge und Stiegenhäuser vorhanden, beide Häuserteile aber im Inneren durch einen Gang in jedem Stockwerk verbunden. Eine zu häufige Kontaktnahme beider Geschlechter war aber nicht erwünscht, jedoch konnte im gemeinsamen Pausenhof nicht verhindert werden, dass sich Weiblein und Männlein trafen und einander kennenlernten. Ein gemeinsamer Unterricht von Mädchen und Burschen war damals durch das konservativ-moralistisch geprägte Denken der an dieser ehrwürdigen Schule Lehrenden noch unvorstellbar. Jedoch kaum ein Jahrzehnt später hefteten großteils dieselben, durch die sogenannte 68er-Bewegung nicht ganz freiwillig geläuterten Lehrerbildner, die Koedukation (gemeinsamer Unterricht beider Geschlechter) als besondere pädagogische Errungenschaft auf ihre Fahnen.

Zu meiner Zeit war die LBA wie auch die meisten höheren Schulen eine stockkonservative Bildungsstätte. Vom ersten Tag an wurde uns eingebläut, in allen Lebensbereichen Vorbild für die Schüler, aber auch für die Bevölkerung – vor allem auf dem Lande – zu sein, denn dort sei die städtische Anonymität nicht gegeben. Auf solide Bekleidung wurde besonders geachtet: Jeans waren natürlich verboten und lange Haare sowie Bärte jeder Art undenkbar. Den Kandidatinnen war nicht erlaubt, Hosen zu tragen, und die Röcke mussten die Knie keusch bedecken.

Es waren, wie schon erwähnt, zwei nach Geschlechtern getrennte Schulen mit eigenen Direktionen. Der Leiter der männlichen Anstalt gehörte damals parteipolitisch der linken Großpartei, der der weiblichen der rechten an, wie das im Proporzstaat Österreich damals üblich war und wie es unverändert heute noch ist bzw. noch lange bleiben wird, wie ich die politische Landschaft hierzulande kenne. Dass dieselben Lehrer an beiden Schulen unterrichteten, kam sehr selten vor. Bei Neubesetzungen der Führungspositionen bekamen sogar wir Schüler das Gerangel der Professoren um die besten Startpositionen mit. Wir – von den Lehrern „Herr Kandidat" oder einbahnig auch „Herr Kollege" genannt – wussten also genau, welcher Partei die Lehrkräfte angehörten bzw. mit welcher sie sympathisierten. Sogar für uns zukünftige Lehrer hatten die zwei Großparteien eine Vorfeldorganisation, die sogenannten Kandidatenbünde, organisiert. Ich war immer überzeugtes Mitglied des rechten Bundes und im fünften Jahrgang sogar dessen Obmann für alle vier Anstalten. Monatlich erhielt ich als solcher eine große Anzahl von Opernfreikarten zur Weitergabe an alle Grazer Lehrerbildungsanstalten. Natürlich behielt ich für mich und eine weibliche Begleitung die besten Platzbillets zurück. Ich wurde durch die Möglichkeit, kostenlos Musiktheater zu erleben, ein begeisterter Opernliebhaber und bin es heute noch.

Wie in ganz Österreich üblich wurden die Direktorenposten also ausschließlich auf Grund parteipolitischer Erwägungen besetzt. Aber auch für die Besetzung der anderen Lehrerstellen war eine entsprechende Parteizugehörigkeit vonnöten. So schien es mir jedenfalls zu sein. Sonst wäre es nicht möglich gewesen, dass gerade in einer Bildungsstätte für zukünftige Pädagogen zu viele sowohl *pädagogisch* – was meiner Meinung nach vor allem menschliche Eigenschaften als Vorbildwirkung voraussetzte – als auch teilweise *fachspezifisch,* aber auch *methodisch* inkompetente Lehrer unterrichteten. Es gab nur wenige, welche auf allen drei Gebieten die für die Ausbildung zukünftiger Lehrer notwendige Kompetenz aufwiesen. In den Neunzigerjahren meinte einmal der frühere, bereits verstorbene Wiener Bürgermeister Helmut Zilk, er fände die parteienorientierte Personalpolitik in den Schulen zum „Kotzen". Dieser Ausspruch hätte auch schon in meiner Ausbildungszeit zum Lehrer Jahrzehnte früher gegolten.

Trotzdem glaube ich, dass sich die ehrwürdige Lehrerbildungsanstalt viele Jahrzehntelang als durchaus akzeptable, gediegene und vor allem kindorientierte Ausbildungsstätte für Tausende Pflichtschullehrer erwiesen hat. Mögen sowohl pädagogisch als auch geisteswissenschaftliche Komponenten wie beispielsweise Psychologie, Soziologie und Psychologie etwas zu kurz gekommen sein, so haben die sukzessive Heranführung der Lehramtskandidaten an das Kind ab dem zweiten Ausbildungsjahr durch Pausenaufsicht sowie die fundamentale methodische Ausbildung durch planmäßiges Hospitieren, wöchentliche Lehrauftritte und ein erlebnisreiches dreiwöchiges Landschulpraktikum schlussendlich Lehrer hervorgebracht, welche vom ersten Tag ihres Schuldienstes mit beiden Beinen in der Klasse standen und vielseitig eingesetzt werden konnten. Wir unterrichteten in der Volksschule Sechs- bis Vierzehnjährige, übernahmen Abteilungsklassen und fanden ab dem zweiten Dienstjahr auch in der Hauptschule Verwendung, wo wir durchaus erfolgreich und ohne disziplinäre Probleme unseren Mann (unsere Frau) stellten.

So unterrichtete ich im ersten Dienstjahr sogar an zwei Volksschulen – in einer Oberstufe für Zehn- bis Vierzehnjährige und auch in einer dritten Schulstufe – und in der Folge drei Jahre ohne Lehramtsprüfung für diese Schulart an einer kleinen Hauptschule meine Lieblingsgegenstände Deutsch, Geografie, Geschichte und Leibesübungen, da es damals zu wenig geprüfte Hauptschullehrer gab. Durch persönliches Engagement auch außerhalb der vorgeschriebenen Dienstzeit trainierte ich die Fußballmannschaft dieser Hauptschule so auf die Bezirksmeisterschaft hin, dass sie diese sogar gewann. Meine Frau wurde auch an einer Volksschuloberstufe mit 45 Schülern und Schülerinnen erstangestellt und behauptete sich vortrefflich, obwohl sie kaum fünf Jahre älter als die ältesten Schüler und mindestens einen Kopf kleiner als die größten Buben war. Sie übernahm bereitwillig den bestehenden Schulchor, welchen sie zu einem der besten Chöre im Bezirk gestaltete und mit dem sie regelmäßig sehr erfolgreich am Landesjugendsingen teilnahm. Außerdem führte sie den Freigegenstand Instrumentalmusik mit Blockflötenunterricht und Orffinstrumenten ein.

Das fachliche und methodische Rüstzeug für diese sogenannten Nebengegenstände konnte uns nur deshalb vermittelt werden, weil wir bereits die notwendigen Begabungen und Vorkenntnisse mitbrachten, welche durch eine entsprechende Aufnahmsprüfung eruiert wurden. Außerdem unterrichteten uns in diesen Fächern sowohl fachlich als auch methodisch überaus kompetente Lehrer. Vor allem unsere Turnlehrer sowie die Lehrer in Bildnerischer Erziehung und Werken konnte man durchaus als Koryphäen in ihren Fächern bezeichnen. Doch davon werde ich später eingehender berichten.

Die Lehrerbildner

Die Lehrerbildungsanstalt, wie sie bis zum Jahre 1970 bestand und von der Pädagogischen Akademie abgelöst wurde, war, wie bereits erwähnt, eine fünfjährige berufsbildende höhere Schule mit Matura als Abschluss. Die absolvierte Reifeprüfung berechtigte sowohl zum Studium an einer Hochschule als auch zum Unterricht an einer Volksschule. Daher unterrichteten hier zwei Kategorien von Lehrern: Die erste waren Akademiker und für die allgemeinbildenden Gegenstände, wie sie an allen Gymnasien unterrichtet wurden, zuständig. Außerdem noch für die fachspezifisch-pädagogischen Fächer wie allgemeine Psychologie, Entwicklungspsychologie, Erziehungslehre oder Geschichte der Pädagogik inklusive Philosophie, und auch noch Instrumentalmusik als Pflichtfach. Diese Herren Professoren waren zwar fachlich kompetent, pädagogisch und methodisch aber zum Teil für eine Ausbildungsstätte zukünftiger Pflichtschullehrer eher inkompetent.

Die zweite Gruppe kam aus der Pflichtschulpraxis und sollte uns das notwendige methodische Rüstzeug für unsere spätere Berufstätigkeit mit auf den Weg geben. Die Lehrer dieser Kategorie unterrichteten Pflichtschulmethodik und waren als Klassenlehrer an der anstaltseigenen Übungsvolksschule auch für unsere schulpraktische Ausbildung verantwortlich. Sie hatten bereits erfolgreich in Volksschulen unterrichtet und waren bis auf wenige parteipolitische Günstlinge hervorragende Methodiker, welche ihr berufliches Rüstzeug beherrschten und uns dieses auch weitervermitteln konnten.

Als Lehrerbildner, wie sie sich generell nannten, waren ausschließlich Männer tätig, von denen einigen gleich dem ehrwürdigen Schulgebäude der Mief einer gewissen konservativen Geisteshaltung mit despotischer Überheblichkeit anhaftete. Sie siezten uns und sprachen uns fast alle wie schon erwähnt mit „Herr Kollege" an. Behandelt wurden wir aber wie Untertanen. Trotzdem hatte diese Schule etwas Heimeliges, dem Flair einer großen Familie Ähnliches an sich. Ich fühlte mich dort als Lehramtskandidat vorerst recht wohl. Wahrscheinlich lag es daran, dass ich auf Grund meiner gediegenen Schulleistungen von keinem der mich unterrichtenden Lehrer etwas zu befürchten hatte. Außerdem sagte mir die interessante und abwechslungsreiche Ausbildung zu dem von mir gewählten Beruf sehr zu.

Leider taten sich nicht alle meine Klassenkameraden so leicht und da überraschte es mich, wie viele der Herren Professoren – weniger die Lehrer an der Übungsvolksschule – alle ihr pädagogischen Ressourcen, mit welchen einige schon von vornherein nicht über Maßen gesegnet waren, über Bord warfen und nicht wenige Schüler, ohne ihnen die nötige Hilfe und den gebührenden Beistand angedeihen zu lassen, kaltblütig negativ beurteilten und durchfallen ließen. Bei manchen Professoren glaubte ich, sogar eine gewisse Schadenfreude und Genugtuung in ihrem Handeln zu entdecken. Sie übten Macht aus und sahen sich als Richter und Exekutierende zugleich. Sie optimierten durch dieses selbstgefällige Verhalten anscheinend ihr Selbstwertgefühl und damit ihr Selbstbewusstsein. Diese inhumanen und damit auch unpädagogischen Verhaltensweisen und Methoden standen im krassen Gegensatz zur unabdingbaren Forderung nach einer Vorbildwirkung, die einen zukünftigen Lehrer prägen und eines der Hauptkriterien für eine erfolgreiche Erziehungsarbeit darstellen sollte. Oft waren diese inakzeptablen Vorbilder diejenigen Professoren, welche in ihrem privaten Leben Schiffbruch erlitten hatten oder im beruflichen Leben die angestrebte Laufbahn nicht realisieren konnten. Nicht wenige missbrauchten ihre Macht zur Be- und Verurteilung als Disziplinierungsmittel, was in vielen – vor allem höheren – Schulen auch heute noch gang und gäbe ist. Leider übernahmen viele junge Lehrer später in ihrem Beruf diese durch nichts zu rechtfertigenden Unterrichts- und Erziehungsmuster, unter welchen Generationen von Schülern zu leiden hatten und heute noch leiden müssen.

Ein besonders tragischer Fall war der Professor für die der Pädagogik zuzurechnenden Wissenschaften. Er war ein korpulenter, behäbiger Mann mit schütterem Haarwuchs. Auf seiner auffallend kurzen Nase steckte dicht vor seinen Augen eine dicke Hornbrille und seine hohe, nasale Stimme glich der eines Eunuchen. Lehramtskandidaten aus höheren Jahrgängen hatten uns schon vorgewarnt, ja nicht zu lachen, wenn wir ihn das erste Mal sähen bzw. hörten. Es könne zukünftig böse Folgen für uns haben.

Er unterrichtete die wichtigsten pädagogischen Grundlagenfächer wie Logik, allgemeine Psychologie, Entwicklungspsychologie und Geschichte der Pädagogik inklusive Philosophie. Pädagogik lehrte er auch als Dozent an der Universität. Ursprünglich war er Mitglied der sozialistischen Partei, da er sich nach dem abzusehenden Abgang des amtierenden Direktors Hoffnung auf den dann vakanten Posten machte. Da diese Stelle aber „umgefärbt" und auch der Lehrstuhl für Pädagogik an der Universität, auf den er ebenfalls erpicht war, in der großen Regierungskoalition von einem „schwarzen" Minister vergeben wurde, eignete er sich auch ein entsprechendes Parteibuch an. Für den Posten des LBA-Direktors wurde ihm unser sehr geschätzter Geschichteprofessor vorgezogen, was den Übergangenen so sehr frustrierte, dass seine seit ehedem schon mäßige Begeisterung zu unterrichten gänzlich in den Keller fiel und er bei Prüfungen seine zynische und geringschätzige Art immer mehr hervorkehrte. Er wurde immer verbitterter; sein Einkommen relativierte er zur Anzahl von Wiener Schnitzeln, die er sich damit leisten könne. Außerdem war er vor allem überaus nachtragend. Wer ihm nicht zu Gesicht stand, ihn einmal enttäuschte oder vielleicht durch ein

Lachen oder eine humorvolle Bemerkung provozierte, dem nahm er das sehr übel und vergaß diese gleichsam als Missachtung seiner Person angesehenen Verstöße nie mehr. Einem meiner Mitschüler prophezeite er bereits zu Beginn des Maturaschuljahres, dass dieser die Reifeprüfung sicher nicht bestehen werde, weil er ihn durch eine schlechte Prüfungsleistung anlässlich einer Inspektion durch einen ehemaligen – nun als Landesschulinspektor aber vorgesetzten – Kollegen maßlos enttäuscht hatte. Und so kam es dann auch: Besagter Lehramtskandidat hatte bei der Matura keine Chance und fiel im Pflichtfach Pädagogik im ersten Anlauf mit Bomben und Granaten durch. Ich zog aus dem Missgeschick meines Mitschülers wiederum den Vorteil, da ich als nachfolgender Prüfungskandidat eine positive Leistung erbrachte. Ich wusste nämlich zum Erstaunen des Inspizierenden, wer Johann Guts Muths war und welche Bedeutung dieser für das philanthropische Gedankengut der damaligen Zeit hatte. Ich wurde das ganze Schuljahr über nicht mehr geprüft und konnte bei der Reifeprüfung mit dem Wohlwollen dieses gefürchteten und frustrierten Pädagogikprofessors rechnen, was sich dann auch wirklich so zutrug und sich in den moderaten Fragen und einer guten Zensur niederschlug.

Wenn man ihn auf der Straße erblickte, ging man ihm lieber aus dem Weg. Denn es konnte schon passieren, dass er einen Schüler, der ihm begegnete, in ein Kaffeehaus einlud, ihn dort in ein Prüfungsgespräch verwickelte und unter dem Vorwand, er habe es eilig, die Gaststätte blitzartig verließ und auf das Zahlen „vergaß". Dem armen zurückgelassenen Lehramtskandidaten blieb nichts anderes übrig, als die gesamte Zeche zu berappen.

Da unser Pädagogikprofessor neben den pädagogischen Fächern in meiner Klasse auch Grundschulmethodik unterrichtete, wovon er übrigens keinen blassen Schimmer hatte, beobachtete und beurteilte er auch manchmal die Lehrauftritte der zukünftigen Lehrer in der an die Lehrerbildungsanstalt angeschlossenen Übungsvolksschule. Meistens saß er fensterseitig ganz hinten in der Ecke und las in einem wissenschaftlichen Werk, von dem er nur kurz missmutig aufsah, wenn es in der Klasse zu laut wurde.

Stieg der Lärmpegel zu stark an, herrschte er den Unterrichtenden mit seiner hohen, abgehackten Fistelstimme an: „Ich bin der Meinung, es ist in der Klasse zu laut. Versuchen Sie die Schüler zu beruhigen, Herr Kollege! Ohne entsprechende Ruhe ist ein gedeihlicher Unterricht nicht möglich. Merken Sie sich das für die Zukunft!"
Wie die Beurteilung dieser praktischen Übung ausfallen würde, konnte sich jeder so Zurechtgewiesene gleich ausrechnen. Das einzige gültige Beurteilungskriterium war für ihn die Disziplin in der Klasse, denn er wollte bei der Lektüre seiner Bücher nicht gestört werden.

Zu seinem Leidwesen hatte er einige Jahre später auch bei der Besetzung des Lehrstuhles für Pädagogik an der Universität kein Glück: 1970 konnte nach dem Wahlsieg des sozialistischen Bundeskanzlers dieser eine Alleinregierung bilden. Demnach kam auch das Unterrichtsministerium in „rote" Hand und unser bedauernswerter Herr Professor hatte wieder auf das falsche Pferd gesetzt.

Mein fünfter (!) und letzter Mathematikprofessor in den fünf Jahren LBA-Zeit war ein fachlich wie auch methodisch unumstritten sehr guter Lehrer, dessen Berufslaufbahn jedoch von ungezählten Opfern – viele kenne ich persönlich – gepflastert war. Von „gebildeter Menschlichkeit", wie der Leitspruch meines Buches lautet, bzw. von Pädagogik, welche ja von humanen Idealen getragen werden sollte und ein großes Maß an Empathie voraussetzt, war bei diesem sprichwörtlichen Pauker – signifikant in Friedrich Thorbergs Roman „Der Schüler Gerber" in der Person des Lehrers Kupfer dargestellt – keine Spur. Er war ein eingebildeter, zynischer, humorloser Fachidiot, der über Leichen gehen und lächelnd zusehen konnte, wie jemand bei Prüfungen oder anderen Leistungsfeststellungen versagte. Auf eine Hilfestellung oder einen rettenden Hinweis wartete man bei ihm vergebens.

Allein die Tatsache, dass meine Klasse fünf Mathematiklehrer in fünf Jahren hinnehmen musste, zeigt schon, wie wenig Gedanken sich die Schulleitung über die pädagogische Qualität machte, die für eine Lehrerausbildungsstätte unabdingbar sein sollte.

Ansonsten hätte dieser Mathematiklehrer an dieser Schule nichts zu suchen gehabt, denn er war leider kein wünschenswertes Vorbild für viele spätere Lehrer, welche ihrerseits diese unakzeptablen Unterrichts- und Erziehungsmuster oft ein Leben lang praktizierten und damit für hunderte Kinder zu Peinigern wurden.

Er hatte es auch auf mich abgesehen, deshalb stellte er sich bei der letzten Schularbeit im fünften Jahrgang, die für den positiven Abschluss der Lehrerbildungsanstalt und damit für die Maturazulassung entscheidend war, immer wieder neben mich, um einen möglichen Schwindelversuch meinerseits zu vereiteln. Er verblieb minutenlang an meiner Seite, denn es war durchaus auch seine Absicht, mich zu verunsichern. Und ich muss zugeben, es war mir alles andere als angenehm. Doch eine gute positive Arbeit meinerseits konnte er zu seinem Leidwesen nicht verhindern.

Die Zahl seiner Opfer ist Legion, sowohl in der damals auslaufenden LBA als auch im nach der Reform der Lehrerausbildung folgenden musisch-pädagogischen Realgymnasium. Ein Lehrer, einige Jahre jünger als ich, erzählte mir dazu eine wahre Begebenheit, die er selbst erlebt hatte. Mein Berufskollege und langjähriger Freund besuchte das an die ausgelaufene LBA anschließende musisch-pädagogische Realgymnasium und hatte im Maturajahr auch diesen Mathematikprofessor, welcher ihm eine Nachprüfung verpasste, die er völlig grundlos mit folgenden Worten einleitete: „Ich finde es eine persönliche Beleidigung, dass Sie zu dieser Prüfung überhaupt antreten."

In der Klasse meines Berufskollegen waren noch einige weitere Kandidaten die Leidtragenden, welche der Pauker gnadenlos durchfallenließ, obwohl sie sich während der gesamten Ferienzeit intensiv auf diese Prüfung vorbereitet hatten und sich alle Mühe gaben, das Unheil abzuwenden. Doch sie hatten keine Chance zu bestehen, weil er die entscheidende Prüfung so anlegte, dass er nicht wissen wollte, was die Kandidaten wussten und konnten, sondern ob er Wissensdefizite aufspüren könne. Sie wurden durch Zwischenfragen andauernd unterbrochen und dadurch dermaßen verunsichert, dass sie schlussendlich resignierten. Jedenfalls mussten sie die Maturaklasse wiederholen und kamen dort wieder vom

Regen in die Traufe, denn der neue Mathematikprofessor entpuppte sich als der alte. Meinen Freund begrüßte er mit folgenden Worten: „Wen sehe ich da? Sie altes Fossil, bei mir werden Sie sicher niemals maturieren." Der so motivierte Kandidat schaffte die Reifeprüfung trotz dieser wenig erhebenden und ermutigenden Prophezeiung und erlangte nach dem Besuch der Pädagogischen Akademie das Lehramt für Volksschulen bzw. wurde nach Absolvierung der Lehramtsprüfung für Hauptschulen ein beliebter und geachteter Hauptschullehrer. Wie sehr viele Schüler diesen Professor hassten, bekundete ein telefonischer Rundruf, den einige nach dessen frühem Ableben mit einem Wortlaut tätigten, den ich aus Gründen der Pietät nicht wiedergeben möchte.

Eine pädagogische wie methodische Unzumutbarkeit stellte auch unser Lateinprofessor dar. Er löste leider nach dem zweiten Jahrgang einen allseits anerkannten, korrekten, methodisch versierten und vor allem menschlichen Professor, wegen seiner schwarzen Haare auch „Pluto" genannt, ab. Diesen Verlust bedauerten alle Schüler meiner Klasse sehr. Der neue Lateiner war jedenfalls der Inbegriff eines pragmatisierten, trägen Beamten ohne besonderes persönliches Engagement im Unterricht. Von kleiner, dicklicher Statur erhob er seinen Allerwertesten kaum einmal von seinem Sessel, ließ uns reihum abwechselnd übersetzen, wobei er selbst gleich die Lösung lieferte, wenn einer nicht weiterkonnte. Um eine methodische Hilfestellung oder grammatikalische Erklärung bzw. eine Satzanalyse bemühte er sich erst gar nicht. Ein Wiederholen oder Festigen des Stoffes gab es bei ihm nicht. Schriftliche Hausübungen wurden nicht verlangt, denn diese hätte er ja korrigieren müssen, was seiner Trägheit zuwidergelaufen wäre.

Die mit dem Übersetzen nicht beschäftigten Schüler langweilten sich oder unterhielten sich leise. Musste einer auf die Toilette gehen, genügte das Heben des Daumens; die Zustimmung wurde vom Professor nach Cäsarenart durch die Abwärtsbewegung des rechten Daumens erteilt. So genehmigten wir uns während der Unterrichtszeit des Öfteren eine Rauchpause in den WC-Räumen. Das Rauchen war übrigens sowohl im Schulgebäude als auch auf dem gesamten zur Schule gehörenden Areal grundsätzlich strengstens verboten, was vor allem in den Pausen genau kontrolliert wurde. Während der Unterrichtszeit war die Gefahr des Ertapptwerdens viel geringer.

Pünktlich mit dem Pausenläuten verließ der Professor die Klasse, wobei er einen bereits begonnenen Satz nicht einmal mehr zu Ende übersetzen ließ. Anfangs war uns allen diese lethargische Art zu unterrichten sehr angenehm. „Cool", würden Schüler heute sagen. Doch schon bei den ersten Schularbeiten kam das böse Erwachen: Genauso inakzeptabel wie das Unterrichtsengagement unseres Lateinlehrers waren folglich die Leistungen der meisten Schüler. Das Niveau war und blieb bis zur Matura erschreckend niedrig und nicht wenige blieben auf der Strecke.

Ich war in Latein recht gut, da ich doch im Gymnasium bereits zwei Jahre in dieser klassischen Sprache unterrichtet worden war. So hatte ich bei ihm – er war auch unser Klassenvorstand – als sozusagen Einäugiger unter vielen Blinden einen Stein im Brett und beinahe Narrenfreiheit. Ich musste in diesem Gegenstand kaum etwas lernen, was zur Folge hatte, dass sich meine Lateinkenntnisse eher verminderten als vermehrten.

Unser Englischprofessor war ein kräftiger älterer Herr mit rundlichem Gesicht, glatt zurückgekämmtem und – nach dem Geruch zu schließen – mit Brillantine geglättetem Haar sowie einem beinahe dauerhaften breiten Froschgrinsen, das sich verstärkte und wozu sich noch ein sarkastischer Lachton gesellte, wenn er eine „Five" in seinen Handkatalog eintrug. Und das war der Regelfall, denn positive Vermerke waren sehr selten. Seine Unterrichtsmethode beschränkte sich auf das Vorlesen und Übersetzen der von ihm als mündliche Hausaufgabe vorgegebenen Texte durch uns Schüler. Diese Texte waren verschiedenen Inhaltes. Entnommen wurden sie aus Büchern mit z. B. ausführlichen Inhaltsbeschreibungen von Shakespearedramen, aber auch aus diversen englischsprachigen Zeitschriften oder schon lange nicht mehr aktuellen englischen bzw. amerikanischen Tageszeitungen. Manchmal waren diese schon mehrere Jahre alt. Außerdem forderte er uns auf, immer wieder sogenannte „World News" in englischer Sprache vorzubereiten. Einerseits als Stoff für überraschende Prüfungen, anderseits für eventuelle Schularbeitsthemen.

Eine Stunde bestand ausschließlich aus Prüfungen und gestaltete sich folgendermaßen: Ein Kandidat – ausgesucht nach dem Zufallsprinzip durch wahlloses Aufschlagen einer Handkatalogseite – las einen vorbereiteten Text vor und wurde bei einem Aussprachefehler sofort durch einen lauten, schadenfrohen Lachton des Professors unterbrochen:

„Ha! Mistake! Zeigen Sie mir Ihr Vokabelheft! Haben Sie das Vokabel auch mit Lautschrift aus dem Wörterbuch herausgeschrieben?"

Hatte der eingeschüchterte und zitternde Delinquent das Wort mit Lautschrift oder aber nur die Lautschrift nicht eingetragen, so bekam er wie aus der Pistole geschossen zu hören:

„Ha! Ha! Keine Vokabel. Keine Lautschrift. F i v e (lang gezogen, schadenfroh)! Go on!"

Der arme eingeschüchterte Prüfling musste weiterlesen. Bis zum nächsten phonetic mistake. Dann begann das bekannte Prozedere von Neuem: Vokabelheft, keine vollständige Eintragung, Five. Go on! So war es keine Seltenheit, dass ein Prüfungskandidat bei einer Prüfung bis zu fünf Nicht genügend ausfasste. Der Rekord waren, so weit in mich erinnern kann, acht negative Zensuren bei einer einzigen Prüfung. Ich hatte es Gott sei Dank etwas leichter als diejenigen, welche aus den Hauptschulen kamen, denn mir war im Gymnasium durch den dort unterrichtenden und bereits beschriebenen Englischprofessor ein gediegener Englischunterricht zuteilgeworden. Vor allem meine Aussprache gefiel dem jetzigen Lehrer sehr, sodass ich nach der ersten Prüfung als einer der Wenigen positive Zensuren erhielt und ohne eine „Five" davonkam.

Von nun an blieb ich von seinen berüchtigten Prüfungen weitgehend verschont. Einige meiner Mitschüler gaben resigniert auf und verließen sogar die Schule, andere wiederum mussten einen Jahrgang wiederholen oder quälten sich fünf Jahre lang bis zur Matura und absolvierten diese erst nach mehreren Anläufen.

Nach Abschluss der Schule war kein Absolvent unserer Klasse nach neun Jahren Englischunterricht (inklusive vier Jahren Hauptschulenglisch) in der Lage, mit einem nicht Deutsch sprechenden Ausländer in englischer Sprache zu kommunizieren. Auch meine Sprachkenntnisse in Englisch stagnierten auf dem Niveau des im Gymnasium erworbenen Wissens.

Fazit des Unterrichtserfolges der beschriebenen Lehrpersonen und Hauptakteure: Von den 37 Lehramtskandidaten, welche die Ausbildung begannen, saßen, obwohl im Laufe der Jahre einige dazukamen, nur noch zwanzig im Maturajahrgang. Von diesen mussten fünf die letzte Klasse wegen zwei Nicht genügend wiederholen. Nach der schriftlichen Reifeprüfung blieben sechs auf der Strecke; so waren es nur noch neun, die zur mündlichen antreten durften. Von diesen wiederum fielen vier bei dieser letztendlich entscheidenden Prüfung durch, sodass ganze fünf Kandidaten im ersten Termin die Lehrerbildungsanstalt als ausgebildete Lehrer verließen. In der Wirtschaft würden alle diese vier beschriebenen Lehrerbildner wegen Erfolglosigkeit bzw. zu hoher Ausfallsquote auf der Stelle fristlos entlassen werden. Als beamtete, pragmatisierte Professoren durften sie bis zur Pension ihr Unwesen treiben und zum Leidwesen vieler Schüler noch jahrelang ihre pädagogische Inkompetenz unter Beweis stellen.

Ich gehörte zu meiner Freude zu den Erfolgreichen. Die eintägige Maturareise führte uns fünf überlebende Musketiere gemeinsam mit unserem Klassenvorstand und dem geschätzten Geografieprofessor in einem VW-Kleinbus zum Backhendlessen in ein nahegelegenes Weingebiet.

Ich schwor mir jedenfalls schon damals, in meiner späteren Tätigkeit als Lehrer Kinder nicht als Schülermaterial anzusehen, sondern ihnen ein menschlicher, von pädagogischen Grundsätzen geleiteter Partner und Helfer zu sein. Ich glaube, ich konnte diese humanen Ideale großteils in meinem vierzigjährigen Berufsleben recht gut umsetzen, ohne die für diesen Beruf unbedingt notwendige Autorität über Bord zu werfen: Ich forderte immer auch eine entsprechende Leistungsbereitschaft von den Schülern ein.

Doch nochmals zurück zum Lehrpersonal der Lehrerbildungsanstalt: Während nämlich unser Paralleljahrgang kaum einen Lehrerwechsel hinnehmen musste, war die Fluktuation an Lehrkräften bei uns sehr groß. Warum dies so war, ist mir noch heute ein Rätsel. Lediglich in drei Fächern, nämlich in Englisch, Geschichte und Physik-Chemie, wurde uns kein Wechsel zugemutet. In Deutsch, Geografie, Naturgeschichte und Bildnerische Erziehung unterrichteten uns je zwei Professoren, jeweils drei in Musikerziehung und in Turnen sogar vier. Fünf waren es, wie schon erwähnt, in Mathematik.

Dass die damalige Lehrerbildungsanstalt, welche im Jahre 1968 auslief und durch die Pädagogische Akademie ersetzt wurde, dennoch viele hunderte tüchtige Pflichtschullehrer hervorbrachte, welche die primären Eckpfeiler unseres Bildungssystems darstellten, verdankt sie den pädagogisch kompetenten Professoren und den zum Großteil als Volksschulmethodiker geachteten Übungsschullehrern, welche uns in vorbildlicher Weise ausbildeten. Sie waren nämlich wirklich Pädagogen im Sinne von Vermittlung humanitärer Werte und immer bestrebt, uns Lehramtskandidaten als zukünftige Kollegen zu akzeptieren und entsprechend m i t uns zu arbeiten. Über ihre Unterrichtstätigkeit möchte ich in der Folge noch ausführlich berichten.

Was ich mit der Charakterisierung der vier vor allem pädagogisch inkompetenten Herren ausdrücken wollte, ist meine Überzeugung, dass diese speziell in einer Lehrer ausbildenden Institution nichts zu suchen hatten, da eine der wichtigsten pädagogischen Voraussetzungen, nämlich die menschliche Kompetenz und Vorbildfunktion, nicht gegeben war. Zu viele von ihnen unterrichtete und ausgebildete Lehrer haben später in ihrem Berufsleben deren Unterrichtspraktiken übernommen und damit auch wieder vielen Schülern physische und psychische Qualen bereitet.

Meine Ausbildner zum Volksschullehrer – Fachprofessoren, aber auch Übungsschullehrer, die meine schulpraktischen Auftritte betreuten und beurteilten – möchte ich in drei Kategorien einteilen:

In die erste gehörten die bereits beschriebenen menschlichen Totalversager, zu denen mit Einschränkungen auch noch als fünfter unser Physikprofessor zu zählen wäre. Dieser praktizierte nämlich einen völlig chaotischen und planlosen Unterricht, sodass wir alle nie genau wussten, was wir für die Prüfung lernen sollten, und er bei selbstverständlich unangekündigten Prüfungen oft Inhalte abverlangte, die er nie unterrichtet hatte. Zugutehalten muss ich ihm aber, dass sich die Zahl seiner Opfer in Grenzen hielt, weil er sich doch bemühte, herauszufinden, was an Wissen vorhanden war. Die von ihm vergebenen Zensuren waren Genügend oder bestenfalls Befriedigend. An ein Gut oder sogar ein Sehr gut kann ich mich nicht erinnern, ebenso wenig daran, dass aus meiner Klasse ein Lehramtskandidat bei ihm in Physik-Chemie mündlich die Reifeprüfung abgelegt hätte. Außerdem war er ein komischer, weltfremder Kauz, der erst im fortgeschrittenen Alter heiratete und uns dieses Ereignis mit hochrotem Kopf wie folgt nahe brachte: „Sie, ich möchte Ihnen mitteilen, ich habe geheiratet. Was sagen Sie dazu?"

In die zweite Kategorie möchte ich jene Fachprofessoren einreihen, welche verständlich und gediegen unterrichteten und für ihre Gegenstände dann und wann auch durchaus nennenswertes Interesse erweckten. Sie taten auch keinem Schüler schon allein auf Grund ihrer humanen Prüfungsmethoden etwas an. Sie freuten sich über gute Leistungen und honorierten diese auch durch entsprechende positive Noten. Sie zückten auch kaum einmal eine „Rote Karte" in Form eines Nicht genügend, wenn jemand einmal nicht entsprechend vorbereitet war. Zu ihnen gehörten beide Deutsch- und Geografieprofessoren, welche in unserer Klasse im Laufe der fünf Jahre unterrichteten. Ihre Gegenstände waren deshalb auch als Wahlfächer für den mündlichen Teil der Reifeprüfung beliebt.

Sehr geschätzt war auch unser Religionsprofessor, ein Ordenspriester und Pfarrer der ältesten gotischen Kirche in der Stadt. Er unterrichtete sehr interessant und freute sich sehr darüber, dass wir uns in seinen Unterricht durch Fragen und Diskussionen entsprechend einbrachten. Übrigens lud er uns jedes

Jahr zur Herbstmesse ein und zahlte jedem den Eintritt und ein Paar Würstchen. Anschließend feierte er am Abend mit uns in seiner Kirche einen Gottesdienst. Einige von uns wählten Religion als mündliches Prüfungsfach zur Matura, obwohl sie wussten, dass sie über ein fundiertes und umfangreiches Wissen verfügen mussten.

Ich wählte Deutsch und Geografie und hatte damit, wie sich am Erfolg zeigte, eine sehr gute Wahl getroffen. Geografie gehörte immer zu meinen Lieblingsgegenständen und im Gegenstand Deutsch interessierte ich mich vor allem für Grammatik und sowohl für klassische als auch moderne Literatur. Diese wurde uns von unserem Deutschprofessor, welcher uns die letzten drei Jahre unterrichtete, sehr engagiert nahegebracht. Er gehörte zweifelsohne zu den Lichtgestalten im Lehrerkollegium der Lehrerbildungsanstalt.

Wie sehr sich viele an dieser Schule unterrichtenden Herren für kleine Herrgötter hielten und daher außerstande waren, ihre Person und ihr Tun selbstkritisch zu hinterfragen, manifestierte sich unter anderen am Mathematik- und auch Naturgeschichteprofessor, den wir im zweiten Jahr genossen. Er war von kleiner, beleibter Statur, seinen Kopf zierten kaum mehr Haare und durch seine dicken Brillengläser fiel ein stechender Blick auf jeden, dessen Anblick oder Verhalten ihm gerade nicht passte. Er fühlte sich bei jeder Gelegenheit bemüßigt, uns Kandidaten dahingehend zu belehren, welche Eigenschaften ein zukünftiger Lehrer haben bzw. nicht haben dürfe. Da er sehr stark hölzelte, ging ein Raunen und Kichern durch die Klasse, als er kategorisch erklärte: „Ein Lehrer darf keinen Sprachfehler haben."

Außerdem war seine fachliche Kompetenz alles andere als für den Unterricht an einer höheren Schule ausreichend. Er schwamm, wie wir es ausdrückten, nach Strich und Faden, trennte sich kaum von seinem vorbereiteten Konzept und ignorierte ganz einfach alle Anfragen unsererseits mit dem Argument, dafür sei gerade keine Zeit und er müsse sich an die Stoffvorgaben halten. Jedes Mal, wenn es zu einer solchen für ihn peinlichen Situation kam, signalisierten wir dies untereinander durch Schwimmbewegungen mit Händen und Armen. Da unser „Tschipsi", wie wir ihn nannten, dem Alkohol- und Nikotingenuss den unerbittlichen Kampf angesagt hatte, gründete er einen Verein für die allen Suchtgiften – damals Alkohol und Nikotin – entsagenden Lehramtskandidaten, den sogenannten Abstinenzlerklub, dessen Mitglieder sich bei Prüfungen durchaus Vorteile ausrechnen konnten. Da ich ebenfalls zu den Bevorzugten gehören wollte, ließ auch ich mich einschreiben, was mich aber nicht daran hinderte, hin und wieder das eine oder andere kühle Krügel Bier im nahe gelegenen Gasthaus zu trinken. Obwohl als Lehrer völlig fehl in diesem Beruf, wurde er, weil er in der richtigen Partei Fuß gefasst hatte und daher von dieser protegiert wurde, zum Direktor der weiblichen Anstalt bestellt.

Ich war für den soeben Beschriebenen jedenfalls ein rotes Tuch, denn ich war schon leicht angehaucht vom Geist der ein halbes Jahrzehnt später folgenden 68er-Bewegung. Zumindest fiel es mir schwer, zu verschiedenen von mir als ungerecht empfundenen Ereignissen und Aussagen zu schweigen und provokante Äußerungen zu unterdrücken. Als ich die Klasse einmal zum Streik aufforderte, weil er sich immer alle Freistunden bei Lehrerausfällen unter den Nagel riss – dieses Mal war es eine sechste Stunde an einem heißen Hochsommertag – und ich der Letzte war, der diesen Boykott auch beinhart durchhielt, indem ich trotz mehrerer Aufforderungen mein Buch nicht aus der Schultasche herausnahm, brachte ich ihn so zur Weißglut, dass er mich mit hochrotem Kopf vor Wut anbrüllte, furchtbar hölzelte und sich seine Stimme des Öfteren überschlug. Dabei spritzten mir mehrere Tropfen seiner feuchten Aussprache mitten ins Gesicht.

„Für Sie hat der Zimmermann das Loch gelassen", schrie er mich mit dem Finger zur Tür weisend lautstark und vor Zorn bebend an, „denn für Halbstarke und Schlurfs (Schüler mit etwas zu langen Haaren, vor allem im Nackenbereich) haben wir in unserer Anstalt keinen Platz! Außerdem können wir Lehrer wie Sie nicht gebrauchen. Scheren Sie sich hinaus!"

Ich wollte es auf eine Machtprobe ankommen lassen und blieb trotzdem auf meinem Sessel sitzen. Da er sich anscheinend doch seiner pädagogischen Mission besann, beruhigte er sich und begann belehrend mit einem leicht drohenden Unterton auf mich einzureden, sodass ich seinem Wunsch, das von ihm geforderte Buch doch noch herauszunehmen, zögernd nachkam. Er hat mir diese Provokation nie nachgetragen und sie mich nicht durch schlechtere Zensuren spüren lassen. Vergessen hat er die Geschichte aber nicht. Als er nämlich in der Prüfungskommission saß, vor welcher meine Frau nach vier Dienstjahren die obligate Lehramtsprüfung ablegte, trat er nach dem Examen vorsichtig an sie heran und fragte sie, ob sie vielleicht gar mit dem R. verwandt sei, welcher auch einmal die Lehrerbildungsanstalt besucht hatte. Nach Bejahung der Frage und der zusätzlichen Auskunft, dass sie mit mir verheiratet sei, meinte er mit mitleidigem Ton: „Da ist es kein Wunder, dass Sie so schlecht ausschauen und so dünn sind."

Einer meiner Lieblingsgegenstände war Geschichte, denn dieses Fach unterrichtete eine Koryphäe als Lehrer in jeder Hinsicht: Er war fachlich unantastbar, methodisch versiert und pädagogisch von humanitären Werten geprägt. Sein Unterricht war für mich und für fast alle in der Klasse spannend und interessant, einfach faszinierend. Die Stunden vergingen im Flug und keiner musste jemals davor Angst haben, überraschend geprüft zu werden. Er verstand es wie kein anderer Lehrer, Wissen zu vermitteln sowie epochale Zusammenhänge untereinander herzustellen. Auch hintergründiger Humor kam nicht zu kurz: So begründete er seine Abneigung, einen Schüler repetieren zu lassen, unter anderem auch damit, dass der Menschheit womöglich viel unsagbares Leid erspart geblieben wäre, hätte die Wiener Hochschule für darstellende Kunst einen Adolf Hitler bei der Eignungsprüfung nicht durchfallen lassen, sodass ihm das Kunststudium ermöglicht worden wäre.

Das hieß noch lange nicht, dass er nicht Leistung verlangt hätte, denn er hatte ein ausgeklügeltes, auf die individuelle Lernbereitschaft des Einzelnen abgestimmtes Beurteilungssystem: Jeder begann das Schuljahr mit einem Befriedigend als Vorschuss, welches im ersten Trimesterzeugnis – damals war das Unterrichtsjahr gedrittelt – zu Weihnachten zum Tragen kam, wenn nicht eine freiwillige Leistung in Form einer ausführlichen Wiederholung, der Gestaltung einer halbstündigen Unterrichtseinheit in Form eines gut vorbereiteten Referates oder einer Prüfung erbracht wurde. Die Ignorierung der Eigeninitiative verschlechterte die Note im nächsten Trimesterzeugnis um eine Note. Jeder konnte sich entsprechend leicht ausrechnen, wo er am Ende des Schuljahres angelangt sei, aber so weit ließ es niemand kommen.

Während zu meiner Ausbildungszeit und auch noch geraume Zeit später gegen die Lehrer, insbesondere die Geschichtelehrer, immer wieder der massive Vorwurf erhoben wurde, diese verschwiegen aus persönlicher Betroffenheit und Involviertheit die Geschehnisse aus der Zeit der Ersten Republik bis zur Gegenwart, vermittelte uns dieser hervorragende Pädagoge genaueste Kenntnisse dieser Zeitepoche. Er versuchte meiner Meinung nach, diese Zeit sehr objektiv darzustellen, obwohl ihm als überzeugtem Christlichsozialen, vor allem was den Ständestaat und den Bürgerkrieg betraf, eine gewisse Voreingenommenheit nicht hätte übel genommen werden können. Im Gegenteil: Da er aus tiefster Überzeugung Demokrat war, ließ er keinen Zweifel offen, dass seinen „schwarzen" Parteifreunden unter Dollfuß, aber auch der Kirche ein maßgeblicher Anteil der Schuld an den damaligen schicksalsschweren Ereignissen zugemessen werden müsse.

Seine Art zu unterrichten war erfrischend angenehm, denn der mittelgroße Mann mit würdevoller, etwas stämmiger Statur und listigem Blick, den er manchmal über seine fast auf der Nasenspitze sitzende Brille durch die Klasse schweifen ließ, strahlte eine wohltuend ruhige Gelassenheit aus. Heute würden die Schüler *Coolness* dazu sagen. Er war die ganze Stunde durch die Klasse schlendernd unterwegs und erzählte dabei geschichtliche Ereignisse. Ja, er erzählte: spannend, unterhaltsam und lehrreich zugleich. Manchmal blieb er stehen, tippte mit seinem dünnen Stab, den er meistens bei sich hatte, gelegentlich auf die Schulter eines Schülers und verwickelte ihn beiläufig in ein Gespräch. Dabei hatte man nie das Gefühl geprüft zu werden. Mich fragte er einmal so nebenbei, ob ich mir vorstellen könne, wie es jetzt bei uns bzw. wie mein Leben jetzt sei, wäre der Polenkönig Sobiesky mit seinem Entsatzheer am 12. September 1683 nicht oder zu spät gekommen, und die Türken hätten Wien erobert. Sein Unterricht war Stunde für Stunde ein Erlebnis und davon zehre ich noch heute. Er wurde später Direktor der männlichen Anstalt.

Ein weiterer Lehrer, den ich gerne mochte und von dessen Turnunterricht ich methodisch ein Lehrerleben lang zehrte, war derjenige, welchen ich bereits im Gymnasium schätzen gelernt hatte und welcher mich in der LBA auch zwei Jahre lang in Geografie unterrichtete. In seinem Geografieunterricht war er allerdings keine Leuchte. Es schien, als ob er diesen Gegenstand eher widerwillig lehrte, war bei Prüfungen auch sehr angenehm und tat keinem etwas an.

Ein Erlebnis waren für mich und die meisten Schüler der Klasse seine Turnstunden. Nicht für alle, denn er verlangte ein gewisses Maß an körperlichen Leistungen, und einige taten sich auf Grund ihrer physischen Konstellation sehr schwer, die geforderten Limits zu erbringen. Vor allem viele, welche aus den Hauptschulen gekommen waren, hatten körperliche Leistungsdefizite, denn in den meisten Landschulen wurde wenig geturnt, da es damals dort kaum Turnsäle gab. Sogar Nichtschwimmer gab es im ersten Jahrgang noch. Unser Turnprofessor gestaltete seinen Unterricht jedoch so, dass die Leistungsstärkeren gefordert und die Schwächeren nach Maßgabe ihrer physischen Möglichkeiten gefördert wurden.

So wurden wir im Laufe der Zeit ein richtig sportlicher Haufen mit hohem Leistungspotential. Da einige von uns −aber auch aus anderen Klassen − in der Freizeit bei diversen Sportvereinen trainierten, konnte er zu unserer, aber auch zu seiner eigenen Freude zur Teilnahme an diversen Schulmeisterschaften sehr gute Mannschaften nennen. So stellten wir das landesbeste Schulteam im damals noch gespielten Feldhandball. In unseren Reihen standen immerhin ein Nationalliga- und vier Landesligaspieler. Ich trainierte auch regelmäßig Basketball und scharte eine Klassenmannschaft um mich, welche zweimal hintereinander die Schulmeisterschaft gewann. Teilgenommen habe ich auch jedes Jahr an der Grazer Schülermeisterschaft im Geräteturnen, an den Leichtathletikmeisterschaften sowie am Wald- und Schlossberglauf. Und all das wurde vom Professor gefördert. Er war wegen einer Kriegsverletzung am Bein, was man beim Gehen auch merkte, nicht in der Lage, viele Übungen an den Geräten selbst vorzuzeigen. Dafür konnte er auf einige gut trainierte Geräteturner zurückgreifen, zu denen auch ich gehörte. Ich war damals wohl der beste Geräteturner der Schule, da ich, wie schon geschildert, aus einem Gymnasium kam und ihn dort schon zwei Jahre als Turnlehrer genießen durfte.

Ein Genuss waren seine Stunden wirklich immer, da er auch über reichlichen Humor verfügte, was sich in seinen lustigen, treffenden Aussagen und Aktionen zeigte. So meinte er, als er einen Übenden an den Seilen mit der Schwerkraft kämpfen sah und dieser es keinen Millimeter mehr höher hinauf schaffte:

„Schaut einmal, der hängt oben wie ein nasser Tschik!", und darauf kam schmunzelnd die Aufforderung: „Klatschen Sie einmal in die Hände!", was dieser auch wirklich tat und prompt unsanft mit seinem Hinterteil auf der bereitliegenden Matte landete.

An zwei Übungen an den Geräten, die für die schwächeren Schüler richtige Härtetests darstellten, kann ich mich noch heute ganz genau erinnern. Als Abgang vom Reck übten wir die Hocke. Als methodische Vorübung wurde zuerst aus dem Stütz das mehrfache „Abhurten" (Wegstoßen des Körpers nach hinten) trainiert. Wenn der Körper und vor allem die Beine hoch genug von der Reckstange entfernt waren, konnten die Beine eingezogen und dann über die Stange gehockt werden. Waren die Beine aber noch nicht hoch genug, war es nicht möglich, über die Metallstange zu gelangen, und der Turnende krachte unweigerlich mit dem Schienbein auf das harte Hindernis. Das tat sehr weh und ergab auch manche blaue Flecken. Unser Professor lächelte dabei süffisant und erlöste den sich Quälenden meistens nach dem dritten Versuch, indem er uns Helfern zurief: „Zieht ihn hinunter!" Das bereitete dem so Geschundenen leider auch wieder Schmerzen, was sein verzerrtes Gesicht trefflich ausdrückte. Die Übung wurde aber ob der Bemühung und Anstrengung als bestanden bewertet. Eine weitere Übung, der Oberarmstand, war auf dem Barren zu bewältigen. Dabei sollten der Oberkörper und die Beine nach ein- oder mehrmaligem Schwingen durch die Holmengasse so weit nach oben gebracht werden, sodass Körper und Gliedmaßen in eine senkrechte Position kamen und in dieser Stellung mit den ausgebreiteten Oberarmen auf den Holmen für mindestens drei Sekunden fixiert bleiben mussten. Schon das Aufschwingen war für viele ein Problem, vor allem für einen fast zwei Meter langen Klassenkollegen. Und wieder mussten wir Helfer eingreifen und ihn in die vertikale Stellung heben. Als er diese erreicht hatte und wir ihn dort fixiert hatten, kam vom Professor das Kommando: „Auslassen!" Langsam gestaltete sich anfangs der fatale Absturz, die Beschleunigung war jedoch nicht zu verhindern und unser Prüfungskandidat krachte ungebremst mit Beinen und Gesäß auf die hölzernen Holme, die den Aufprall zwar leicht abfederten, die Schmerzen aber kaum vermindern konnten. Er hatte aber die Angst überwunden und die für ihn mögliche Leistung erbracht. Dies wurde durch Lob und eine positive Zensur anerkannt.

So war er, unser Turnprofessor: Er verlangte Leistung von den zukünftigen Lehrern und wollte zumindest die Bemühung sehen, diese zu erbringen, wenn auch manchmal unter Schweiß und Schmerzen. Er wusste auch genau, wie hoch er den Level ansetzen musste, um nicht von vornherein durch Aussichtslosigkeit auf Erfolg Resignation aufkommen zu lassen.

Er war nicht nur selbst humorvoll, sondern verstand auch manchen Scherz, den wir auf seine Kosten machten. Als Fallschirmjäger im Zweiten Weltkrieg wies er immer wieder darauf hin, wie wichtig die Beherrschung einer Flieger- oder Judorolle sei, und er übte diese mit uns auch bei jeder Gelegenheit. Eines Tages, es war im Winter, humpelte er mit einem vergipsten Bein in die Klasse und teilte uns mit, er könne einige Wochen lang nur Geografie und leider nicht Turnen unterrichten, da er sich durch einen Sturz mit seinem Motorroller diese Verletzung zugezogen habe. Auf meine Frage, ob er beim ungewollten Ab-

steigen auf die Fliegerrolle vergessen habe, lachte er laut auf und herrschte mich mehr erheitert als ernst an:
„A! Schon wieder der R. mit seinem g'sunden Schmäh! Warten Sie nur, in der nächsten Turnstunde gibt's wieder Saures, dann wird Ihnen das Lachen schon vergehen!"
Darauf ich: „Herr Professor, wer von Ihnen einmal geschunden worden ist, den kann nichts mehr erschüttern."
Schmunzelnd wendete er sich ab.

Ich lud ihn auch später, als ich schon Schulleiter war und an meiner Schule bei der Gemeinde den Bau eines neuen und bestens adaptierten Turnsaales durchsetzen konnte, einige Male als Seminarleiter und Referenten zu Fortbildungsveranstaltungen für Leibesübungen in den Bezirk ein. Er freute sich darüber immer sehr und auch die Teilnehmer, ob jung oder alt, ob sportlich frisch oder schon behäbiger, taten bei seinen Spielen und Übungen stets begeistert mit.

Erwähnen möchte ich noch, dass jeder zukünftige Pflichtschullehrer im zweiten, dritten und vierten Jahrgang je einen einwöchigen Skikurs mit abschließender Prüfung zu absolvieren hatte.

Voraussetzung für das Weiterkommen in den zweiten Jahrgang war das sichere Schwimmen und spätestens im letzten Ausbildungsjahr war die positive Absolvierung der Prüfung im Rettungsschwimmen obligat. Leider wurde dieser wichtigen Ausbildung in der die Lehrerbildungsanstalt ablösenden Pädagogischen Akademie viel weniger Beachtung geschenkt. So kam es auch, dass nicht wenige Junglehrer später kaum das Schwimmen beherrschten und deswegen den Schwimmunterricht in ihren Klassen sträflich vernachlässigten.

Auch Musikerziehung, Instrumentalmusik aber ebenso Kunsterziehung und – später nicht mehr vorgesehen – Schönschreiben sowie Einübung einer gefälligen Tafelschrift waren für einen zukünftigen Volksschullehrer überaus wichtige Gegenstände und wurden von fachlich durchaus kompetenten Professoren unterrichtet. Leider verabschiedete sich der Staat mit der Trennung der Ausbildung der Volks- und Hauptschullehrer vom universell geschulten Pflichtschullehrer.

Irgendwie waren die uns in den musischen Fächern unterrichtenden Lehrer aber allesamt komische Käuze. Sonderlinge, die zwar kaum ein System in den Unterricht brachten, aber trotzdem allgemein beliebt waren. Sie lehrten die vorgeschriebenen Inhalte, sangen mit uns je nach Lust und Laune und waren in der Lage, Interesse und Begeisterung für diese musischen Fächer zu wecken. Es ging ihnen weniger ums planmäßige Unterrichten und Prüfen. Für mich waren die Musikfächer – vor allem das Singen und die Instrumentalmusik – während der gesamten Zeit in der Lehrerbildungsanstalt ein Horror, da ich aus dem Gymnasium – im Gegensatz zu den anderen Gegenständen – leider keine gediegene Vorbildung mitgebracht hatte. Ich kam mit Ach und Krach durch, da ich fleißig Musiktheorie inklusive Musikmethodik studierte und vor allem rhythmisch recht begabt zu sein schien, sodass ich ein von vielen Kolleginnen begehrter Tanzpartner war. Das war wieder schulisch von Nachteil, weil ich an Wochenenden oder in der Ballsaison so manche Nacht durchtanzte und deshalb weniger Zeit für die Beschäftigung mit meinen Lehrbüchern zur Verfügung stand.

Außerdem verbrachte ich als begeisterter Opernfan viele Abende in der Grazer Oper. Übrigens: Dass ich ein richtiger Opernfan wurde, beruhte nicht auf einem entsprechenden Musikunterricht, sondern darauf, dass ich, wie in diesem Buch schon an anderer Stelle erwähnt, Zugang zu Freikarten für das Opernhaus hatte. Von der Schule aus besuchten wir leider kein einziges Konzert und auch keine einzige Opernvorstellung. Daher muss ich im Nachhinein unseren Musikprofessoren den mangelnden Willen vorwerfen, die zukünftigen Lehrer für die Musik zu begeistern.

Der erste Musiklehrer, den wir genießen durften, war ein älterer, kleiner, dicker Herr. Er kam schnaufend und Kaugummi kauend in die Klasse und zog schon in der Früh eine Alkoholfahne hinter sich her. Österreichweit wurde er durch seine Somisationsmethode bekannt, auf die ich aber nicht näher eingehen möchte. Jedenfalls quälte er mit dem Stufensingen ganze Generationen von Volksschullehrern und wir befürchteten auch schon das Schlimmste. Gott sei Dank waren wir ihn nach einigen Monaten los, denn er hatte sich im Laufe seines Lebens – so wurde behauptet – ein Leberleiden ersoffen, sodass er vorzeitig in Pension gehen musste. Die anderen Musikerzieher waren, wie auch die Instrumentallehrer, lauter „Nullgruppler", wie ich sie schon oben beschrieben habe.

Dank sagen und ihm damit in diesem Buch ein kleines Denkmal setzen möchte ich meinem Violinlehrer, einem Mitglied des Grazer symphonischen Orchesters, welcher mich trotz meiner katastrophalen Leistungen im Geigenspiel immer mit einem Genügend durchkommen ließ. Ich hatte panische Angst vor jeder Instrumentalstunde und der Schweiß rann mir schon nach einigen Takten, die ich aus diesem Instrument keinem Ohr zumutbar herausquetschte, von der Stirn, sodass ich viele Stunden ganz einfach schwänzte. Deswegen verdonnerte mich das Professorenkonferenztribunal zu einem zweistündigen Karzer mit einer Ausschlussandrohung aus der Schule und zusätzlich noch zu einem Genügend in Betragen. Damals gab es diese Verhaltensnote noch in allen Schultypen.

Das Genügend in Betragen kommentierte ich meinem Klassenvorstand gegenüber mit der Bemerkung: „Hautsache positiv." Diese in meiner prekären Situation völlig unangebrachte und höchst provokante Aussage war sogar ihm zu viel und er rastete – wahrscheinlich, weil ich ein guter Lateinschüler war und er mich mochte – völlig aus, um mich vor größerem Unbill zu bewahren.

„Wie lange willst du *canis miser* (schlechter Hund) deine Lehrer noch provozieren? Hast du noch immer nicht kapiert, dass es für dich schon nach zwölf ist? Die meisten Professoren wollen dich schon loshaben. Nur wenige haben sich mit mir noch für dich eingesetzt. Jetzt ist aber Schluss mit lustig!"

Ich nahm mir diese eindringliche Mahnung sehr betroffen zu Herzen und kam in den letzten fünf Monaten meinen schulischen Pflichten gewissenhaft nach. Den Karzer musste ich an einem Samstagnachmittag unter Aufsicht meines Klassenvorstandes absitzen. Er ließ mich eine Stelle aus Ovids *aurea aetas* (Das goldene Zeitalter) übersetzen, womit ich früh fertig war. Anschließend redete er mir ins Gewissen und ich hatte eine sehr nette persönliche Aussprache mit ihm. Von dieser Seite kannte ich ihn überhaupt nicht. Jedenfalls ließ er mich frühzeitig gehen und wünschte mir noch einen schönen Abend.

Übrigens: Die Geige zerschmetterte ich nach Absolvierung meiner Ausbildung, indem ich sie beim Hals packte und mit voller Wucht in einen Winkel des Dachbodens schleuderte. Angewidert und voller Abscheu drehte ich mich um, ohne sie noch eines Blickes zu würdigen.

Nichts Außergewöhnliches habe ich von den uns unterrichtenden Kunsterziehern zu berichten. Der erste war ein kleiner Lebemann und Junggeselle, kaum 170 cm groß, jedoch von forschem, weltmännischem Auftreten, der sich gerne mit schönen Frauen umgab und auch dem Alkohol nicht abgeneigt war. Wir trafen ihn spätabends immer wieder in verschiedenen Lokalen – natürlich in Damenbegleitung – und ich hatte den Eindruck, dass er es genoss, von seinen Schülern dort gesehen und bewundert zu werden. Zugute halten muss ich ihm, dass er in mir durch Ausstellungsbesuche im Künstlerhaus eine gewisse Neugierde für moderne Malerei entfachte. Nach dem zweiten Jahrgang war er nicht mehr an der Schule und nach geraumer Zeit erfuhr ich aus der Zeitung, dass er verstorben war.

Der zweite Kunsterzieher war ein netter, umgänglicher Herr, der ein auch später im Beruf gut brauchbares „Werkbuch für Kunsterziehung" herausgab und von dem wir viele Techniken des bildnerischen Darstellens lernten. Insofern gehörte er zu den positiven Erscheinungen innerhalb des LBA-Lehrerkollegiums.

Die schulpraktische Ausbildung

Das nächste Kapitel ist den Lehrern an der zu unserer Ausbildungsstätte gehörenden und im selben Gebäude untergebrachten Übungsvolksschule gewidmet. Ich habe sie in einem früheren Kapitel bereits einmal kurz erwähnt. Diese erfahrenen und verdienstvollen Volksschullehrer waren es hauptsächlich, welche uns das methodische Rüstzeug für das spätere Berufsleben an einer Volksschule mitgeben sollten. Wegen ihrer besonderen Qualifikationen und daraus resultierenden Publikationen über ihre erfolgreiche Unterrichtsarbeit wurden sie an diese Volksschule berufen. Der Realität halber möchte ich anführen, dass diese Übungsvolksschule eine elitäre Grundschule war, in welche fast ausschließlich Kinder aus einflussreichen, sozial gehobenen gesellschaftlichen Schichten aufgenommen wurden. Entsprechend homogen hoch war deshalb auch das Leistungsniveau in den Klassen. Eltern aus intellektuellen und materiell gut situierten Kreisen rissen sich darum, ihre Kinder in dieser Schule unterzubringen. Für uns Lehramtskandidaten war es demnach angenehm, dort zu unterrichten, hatte aber den Nachteil, dass wir vorerst niemals die schulische Wirklichkeit kennenlernten, mit der wir später im Berufsleben konfrontiert werden sollten. Erst beim sogenannten Landschulpraktikum konnte ich einen echten Einblick in die Unterrichtsrealität gewinnen. Vor allem auch aus dem Grund, dass nur an einer ländlichen Volksschule mit Abteilungsunterricht praktiziert werden durfte.

Alles in allem war aber die fachspezifische Ausbildung an der gegen Ende der Sechzigerjahre auslaufenden Lehrerbildungsanstalt um nichts schlechter als an der darauf folgenden Pädagogischen Akademie. Ein folgenschwerer bildungspolitischer Fehlgriff war nach Einführung der Pädagogischen Akademie die Trennung von Volksschul- und Hauptschullehrerausbildung, was ich später noch näher erörtern werde.

Die Lehrer, die an unserer Übungsschule unterrichteten, waren fast durchwegs hervorragende Methodiker. Sie versetzten uns immer wieder in Staunen, wenn sie in bestens vorbereiteten Musterstunden ihre unterrichtlichen Fähigkeiten und Fertigkeiten eindrucksvoll demonstrierten. Jeder von ihnen hatte naturgemäß seine eigene, persönliche Art zu unterrichten, und diese wurde von ihnen auch zur obersten Maxime erhoben. Diesen Grundsätzen entsprechend mussten wir die Unterrichtsmodalitäten jedes einzelnen Mentors bei unseren Auftritten kopieren.

Das bedeutete zwar eine Einengung der eigenen Kreativität, war aber durchaus auch positiv zu werten. Schließlich konnte ich dadurch viele verschiedene methodische Arbeitsweisen erwerben, welche mir im späteren Berufsleben von Nutzen waren.

Leider gingen die Bevormundung und der Zwang manchmal so weit, dass einige sogar die wortwörtliche Wiedergabe gewisser Anrede- und Fragesequenzen verlangten, welche wir in unseren umfangreichen Vorbereitungen schriftlich festzuhalten hatten. Einer ließ z. B. nur Fragesätze gelten, welche mit „Ob ..." begannen. Das hörte sich dann so an: „Ob der Gerhard weiß, warum ein Eichhörnchen so behände von Baum zu Baum springen kann?" oder: „Ob einer vielleicht seine Aufgabe nicht gemacht hat?" oder: „Ob jemand das Wort an die Tafel schreiben will?" Was natürlich ein Unsinn war, denn die Konjunktion „ob" kann auch eine Entscheidungsfrage einleiten, auf die der Schüler ohne weitere Erklärungen mit „Ja, ich!" oder „Nein, ich nicht!" antworten kann. Wurden die vorgegebenen Vorbereitungsmuster und die Lehrauftritte nach Form, Inhalt und sprachlicher Ausführung nicht entsprechend den Ansichten und Wünschen der einzelnen Übungsschullehrer, welche sich übrigens auch Professoren nennen ließen, gestaltet, so fasste dies mancher als Geringschätzung seiner individuellen methodischen Erkenntnisse und damit auch seiner Person auf. Das hatte wiederum eine entsprechend schlechtere Benotung im Gegenstand Unterrichtsmethodik zur Folge. Sie fühlten sich allesamt als methodische Genies und Stars, deren Unterrichtsstil und Maxime eines zielführenden Unterrichtes zumindest in ihren Klassen als kategorisch zu gelten hatten. Dadurch entstanden unter den Übungsschullehrern oft Spannungen und Eifersüchteleien bis zu Feinseligkeiten, was wir Lehramtskandidaten nicht selten zu hören, aber auch zu spüren bekamen. Vor allem dann, wenn wir bei dem einen unvorsichtigerweise die Metapher eines anderen verwendeten. Das wurde dann meistens mit einem zynischen Seitenhieb auf den betreffenden Kollegen kommentiert.

Bei einem der Übungsschullehrer war mir allerdings niemals klar, auf Grund welcher Meriten er an diese elitäre Volksschule berufen worden war und damit die Qualifikation zur Ausbildung zukünftiger Lehrer besaß. Sein Unterricht war langweilig, er klammerte sich verbissen an seine Vorbereitung, ging auf Fragen der Kinder kaum ein, und auch seine Sprache war alles andere als vorbildlich. Entsprechend desinteressiert waren seine Schüler, sodass es in der Klasse oft unruhig wurde, was er mitunter durch lautes Gebrüll unterbinden wollte. Da er selbst ohne penibelste schriftliche Vorbereitung nicht auskommen konnte, verlangte er von uns Praktikanten ein ebenso entsprechend umfangreiches Konvolut. Er mochte vor allem Kandidaten nicht, die bei ihren Auftritten mit Kindern gut umgehen konnten und methodische Kreativität entwickelten, wenn es eine Situation oder ein plötzlich auftretendes Problem erforderten. Wahrscheinlich war er parteipolitisch protegiert, was, wie schon erwähnt, an der LBA wie auch an allen Schulen Österreichs gang und gäbe war.

Mit mir hatte er wenig Freude, denn mir gelang es nicht immer, den in der schriftlichen Vorbereitung erstellten Zeitplan auf die Minute genau einzuhalten. Ich ging seiner Meinung nach viel zu oft auf die Fragen und Wünsche der Schüler ein und beschäftigte mich auch zu sehr individuell mit denen, welche – wie ich glaubte – Hilfe benötigten. Außerdem entsprach meine lockere, humorvolle Art zu unterrichten nicht seinem Naturell. Am wichtigsten sei nach seiner Auffassung die von verschiedenen namhaften Methodikern oft unterschiedlich formulierten Formalstufen gerechte und den didaktischen Grundsätzen entsprechende Vermittlung des in der Wochenplanung vorgesehenen Lernstoffes. Demnach wurden meine Auftritte von ihm im Gegensatz zu den sehr guten Beurteilungen durch die anderen Mentoren gerade noch positiv gewertet. Auch wurde mir deshalb im Reifezeugnis in Methodik die Note Sehr gut verwehrt. Er war es auch, welcher mich nach bestandener Matura – es kamen, wie schon erwähnt, nur fünf Kandidaten im ersten Anlauf durch – mit den Worten verabschiedete: „Was, Sie haben die Matura auch bestanden? Von Ihnen hätte ich es mir am allerwenigsten erwartet." Worauf ich ihm dann auch nicht die mir entgegen gestreckte Hand reichte, sondern mich provokant grinsend abwendete und dabei meinte: „So kann man sich täuschen."

Zu den positiven Erscheinungen unter den Übungsschullehrern gehörte zweifellos ein an der damals noch existierenden Volksschuloberstufe unterrichtender Mentor, der alle Lehramtskandidaten als zukünftige Kollegen behandelte und immer gut gelaunt war. Er ermunterte uns stets, eigene Ideen in unseren Unterricht einzubringen und verschiedene methodische Versuche zu wagen. Für ihn war es eminent wichtig, dass wir spontane Kreativität entwickelten, wenn es eine Unterrichtssituation erforderte. Er sparte nicht mit Lob und Anerkennung und seine Kritik war niemals demütigend und frustrierend, sondern hilfreich und anregend. Einige Jahre später wurde er auch zum ersten Direktor der neu gegründeten Pädagogischen Akademie ernannt. Wenn Kandidaten und Kandidatinnen seiner Anstalt später bei mir oder meiner Frau ihr Schulpraktikum absolvierten, besuchte er uns immer wieder in der kleinen Landschule, welche ich damals schon leitete. Wir setzten uns dann bei einem Gläschen Wein zusammen und unterhielten uns über die Zeit an der alten, ehrwürdigen Lehrerbildungsanstalt.

Trotz zu vieler pädagogisch unqualifizierter Lehrer anachronistischen Zuschnitts möchte ich dieses Kapitel aber versöhnlich beenden. Die „alte" Lehrerbildungsanstalt war eine sehr praxisorientierte Schule und führte uns in kleinen Schritten sukzessive an den Umgang mit Grundschulkindern heran: Zuerst durften wir so oft wir wollten Pausenaufsicht halten, was uns erste Kontakte zu den Kindern ermöglichte. Später, im dritten Jahrgang, hospitierten wir in den Klassen der Übungsschullehrer. Wir mussten über diese Stunden ausführliche Aufzeichnungen führen und anschließend den Ablauf genau analysieren bzw. mit den Mentoren darüber diskutieren. Im vierten Jahrgang unterrichteten wir wöchentlich zu zweit je eine halbe Unterrichtseinheit und im fünften täglich eine ganze Stunde. Vor der schriftlichen Matura ging es auf das Land hinaus, wo wir drei Wochen lang ausschließlich in einer nieder organisierten Volksschule mit einer Oberstufe lehren mussten. Ich wählte dieselbe Volksschule, welche ich als Schüler selber besucht hatte und deren Lehrer noch immer dieselben waren, welche mich als Volksschüler unterrichtet hatten. Es war eine sehr schöne Praxiszeit.

Da anfangs der Sechzigerjahre akuter Lehrermangel herrschte, erwarteten uns die Bezirksschulinspektoren (Schulaufsichtsorgane) bereits nach der offiziellen Verabschiedung im Festsaal der LBA und bedrängten uns geradezu, in ihren Bezirk zu kommen. Ich wählte natürlich meinen Heimatbezirk und unterrichtete dort vierzig Jahre lang bis zu meiner Pensionierung. Darüber möchte ich in den nächsten Kapiteln ausführlich berichten, um darzustellen, wie sich der Unterricht und folglich auch das Schulleben in der zweiten Hälfte des zwanzigsten Jahrhunderts bis zur Gegenwart entwickelt haben.

Die ersten Dienstjahre – wolkig bis heiter

Mein erster Dienstposten – ein Horror

Mit erstem September 1963 trat ich meinen Dienst an einer vierklassigen Volksschule mit einer, wie es damals üblich war, angeschlossenen Oberstufe für die zehn- bis vierzehnjährigen Schüler an. Diese besuchten aus verschiedenen Gründen keine Hauptschule, obwohl es für die intelligenteren leicht möglich gewesen wäre, diese positiv zu absolvieren und zu einem höheren Schulabschluss zu kommen. Nach Erhalt des Anstellungsdekretes stellte ich mich etwa zwei Wochen vorher dem Bezirksschulinspektor und nach Zuweisung der Stammschule auch dem dortigen Schulleiter vor. Dieser gab sich mir gegenüber beim ersten Zusammentreffen in seinem Haus weltmännisch, offen und jovial. Diesen ersten Eindruck sollte ich sehr bald revidieren müssen. Er teilte mir die Oberstufe zu, was mir sehr zusagte, denn es war mir fürs Erste lieber, mit älteren Kindern zu arbeiten. Da ich seinen Sohn vom Fußballspielen her gut kannte, legte er mir mit Hinweis auf die traditionell übliche Öffentlichkeitsarbeit von Landlehrern gleich nahe, mich im dortigen Sportverein zu engagieren, was ich ihm zusagte und später auch tat. Ich konnte nach diesem ersten Gespräch nicht ahnen, welches pädagogisch inkompetente, arrogante Ekel als Schulleiter, aber auch welcher Versager in seinem privaten Leben er wirklich war. Über Letzteres möchte ich aber nicht berichten.

Wie ich so litten wohl die meisten an seiner Schule ins Berufsleben startenden Junglehrer unter seinen Schikanen und Launen. Kaum einer hielt es länger als ein Jahr bei ihm aus. Zu den

Lehrerinnen war er anfangs galant und anbiedernd. Erwiderten diese aber seine schmierigen Annäherungen nicht oder er vermutete eine feste Partnerschaft, war es mit seiner Sympathie vorbei und er schikanierte sie wie die männlichen Kollegen. Er musste sie wenigstens einmal zum Weinen bringen. Das war seine Intention und er genoss den zweifelhaften Erfolg mit Schadenfreude.

Der erste Unterrichtstag war wie seit jeher ein Montag und begann mit einem Gottesdienst. Schon auf dem Weg zur Kirche überholte ich mit meinem Auto auf der Landstraße einen brav am linken Straßenrand gehenden Schüler, welcher, so schien es mir jedenfalls, auch demselben Ziel zustrebte. Ich blieb stehen und lud ihn ein, einzusteigen und mitzufahren. Mit der Begründung, er habe in der Schule gelernt, niemals mit einem Fremden mitzufahren, lehnte er mein Angebot leicht erschrocken, aber höflich ab. Er war, wie sich nach dem Gottesdienst und nachdem ich meine Klasse übernommen hatte, herausstellen sollte, der erste Schüler meiner vierzigjährigen Lehrerlaufbahn, welchen ich kennenlernte. Noch heute – auch er bereits über sechzig – grüßen wir einander freundlich, wenn wir aufeinander treffen, und es ergibt sich immer wieder ein nettes Gespräch.

Die ersten drei Schultage vergingen ohne besondere Vorkommnisse. Die rund vierzig Buben und Mädchen im Alter von zehn bis vierzehn Jahren waren sehr nett und diszipliniert. Vor allem die Mädchen, teilweise schon der Pubertät entwachsen, freuten sich besonders über den jungen Neuankömmling.

Für Mittwoch war am Nachmittag die erste Konferenz des neuen Schuljahres anberaumt, welche um fünfzehn Uhr beginnen und maximal drei Stunden dauern sollte. So sah es jedenfalls ein Erlass des Landesschulrates vor. Da am selben Tag um neunzehn Uhr im Fernsehen ein internationales Fußballspiel – welches, weiß ich nicht mehr – übertragen wurde und ich es als fanatischer Fußballfan gerne gesehen hätte, ersuchte ich den Schulleiter, die Konferenz aus diesem Grund pünktlich zu schließen. Ich war ja auch der Meinung, dass er es selbst anschauen wollte, wo er mich beim ersten Zusammentreffen doch gebeten hatte, dass ich mich am heimischen Sportgeschehen aktiv beteiligen möge. Er werde sehen, was sich da machen ließe, war seine unverbindliche und, wie mir damals schon schien, leicht hämische Antwort.

Die Konferenz dauerte geschlagene viereinhalb Stunden. Dabei fiel kein einziger Satz von pädagogischer oder methodischer Relevanz. Pausenlos wurden Schulgesetze rezitiert und uns organisatorische Abläufe sowie die Schulordnung im Befehlston nahegebracht. Über Möglichkeiten zur Einsparung von Klopapier berieten er und seine alteingesessenen, bereits unterwürfigen Kolleginnen fast eine halbe Stunde. Vor allem wir beiden Junglehrer – auch für eine Kollegin war diese Schule der erste Dienstposten – wurden mit Ge- und Verboten, mit Vorschriften und auch mit Drohungen verschiedenster Art eingedeckt. Wir wurden behandelt wie fünfzehnjährige Lehrlinge zu Beginn ihrer Lehrzeit. Selbstverständlich verhehlte er auch die Konsequenzen bei Nichteinhaltung aller dieser Vorschriften und Gebote nicht. Das alles nahmen die bereits erwähnten, schon lange an der Schule unterrichtenden Lehrer zwar gelangweilt, aber doch widerspruchslos und untertänig hin. Nach dem Schlusswort meinte der Herr Vorsitzende zu mir gewandt und dabei grinsend, es könnte sich für mich ja noch ausgehen, die letzte halbe Stunde des Fußballspieles mitzubekommen.

Mir war schon an den ersten Arbeitstagen aufgefallen, dass die Konferenzzimmertür in der Früh offen stand, sodass der Schulleiter – damals noch Oberlehrer, später Direktor genannt – von seinem Schreibtisch aus beobachten konnte, ob ich wohl pünktlich zum Unterricht erschiene. Wenn ich vorbeikam und ihn grüßte, schaute er, bevor er meinen Gruß erwiderte, auf seine Uhr.

Nach wenigen Tagen stand er plötzlich während der Mathematikstunde in meiner Klasse. Ich hätte sein Kommen gar nicht bemerkt, da ich mich gerade mit einem Schüler beschäftigte. Doch alle Kinder der Klasse sprangen wie auf ein Kommando auf, standen wie die Zinnsoldaten da und schmetterten ein lautes, ohrenbetäubendes, lang gezogenes „Grüüüß Gott!" in den Raum. Ich erschrak leicht, grüßte ihn und fuhr mit meiner vorbereiteten Unterrichtsarbeit fort, ohne mich stören zu lassen.

Wahrscheinlich hatte er sich eine devotere Begrüßung meinerseits erwartet. Jedenfalls schlenderte er lässig durch die Klasse, blickte da und dort in ein Heft und ließ sich wortlos auf einem freien Sessel in der letzten Reihe nieder. Von dort aus beobachtete er ca. eine halbe Stunde meine Unterrichtsarbeit und verließ wortlos, wie er gekommen war, wieder die Klasse. Dabei spielte sich dasselbe Grußzeremoniell ab wie bei seinem Eintreten. Zu Mittag, nach Ende meines Unterrichtstages, holte mich der Herr Oberlehrer zur Nachbesprechung der von ihm bei seiner Hospitation festgestellten Eindrücke in das Konferenzzimmer.

Lob kam ihm dabei keines über die Lippen, lediglich einige Beanstandungen musste ich über mich ergehen lassen. So kritisierte er, dass ich für eine Stunde zu wenige praktische Rechenbeispiele – ich forcierte am Anfang dieser Stunde etwas mehr das Kopfrechnen und ließ beim Sachrechnen das Ergebnis vorher immer schätzen – vorbereitet und mich mit einigen Schülern zu sehr beschäftigt hätte. Diese seien nämlich so blöd, dass sie sowieso nichts kapieren würden, weshalb Hopfen und Malz verloren seien. Dass ich für die leistungsstärkeren Zusatzrechnungen vorbereitet hatte, bekam er nicht mit, denn ein leistungsdifferenzierter Unterricht war ihm unbekannt. Außerdem erfuhr ich aus berufenem Mund, was Sippenhaftung bedeutet. Er schilderte mir nämlich ausführlich, dass auch die fünf Geschwister eines von mir in der Stunde zu zeitraubend betreuten Schülers stockdumm seien, der Vater regelmäßig besoffen nach Hause käme und die Mutter sich kaum um die Kinder kümmere. Solche Familien gäbe es einige im Schuleinzugsbereich und ich solle deren Stammesgeschichte und Lebensumstände in den Erziehungsbögen, die für alle Schüler schon im ersten Schuljahr angelegt werden mussten, nachlesen. Erst dann könne ich sie entsprechend „*behandeln*" und die notwendigen Maßnahmen ergreifen. Ich hatte gleich den Eindruck, dass er darunter sicher nicht Förderung, Hilfestellung oder gar menschliche Zuwendung verstehen würde. Seine Sicht von Pädagogik, die auch die Anwendung brutaler physischer Gewalt nicht ausschloss, äußerte er in der Folge auch bei Pausengesprächen mit allen Lehrkräften der Schule immer wieder und praktizierte sie auch in seiner Klasse.

Strikt abgelehnt wurde von ihm die von mir einmal versuchte Organisationsform der Gruppenarbeit. Ich ließ bald einmal, ohne ihn zu informieren, die Schüler in Vierergruppen selbständig alles Wissenswerte über Maria Theresia erarbeiten. Dazu musste ich je zwei Tische zusammenstellen lassen. Bei dieser Sitzanordnung konnte natürlich nicht jedes Kind zur Tafel schauen, was auch nicht notwendig war. Ich stellte ein umfangreiches Bücherangebot – Geschichtebücher, Lexika, Zeitschriften, Anekdoten über die Herrscherin – zusammen und legte es auf den Festerbrettern zur freien Benützung auf. Die meisten Bücher stammten von mir, denn sowohl Schüler- als auch Lehrerbibliothek waren an dieser Schule armselig ausgestattet. Jede Gruppe bestimmte von sich aus einen Stoffkoordinator und einen Sprecher, und los ging es mit dem Forschen und autodidaktischen Lernen. Solches hatten meine Schüler noch nie gedurft und entsprechend begeistert waren sie bei der Sache.

Da stand plötzlich der Schulleiter und selbst ernannte Oberpädagoge in der Tür. Ich hatte ihn weder kommen sehen noch gehört. Aber auch nicht alle Schüler konnten sein Erscheinen bemerken, da ja nicht jeder wegen der veränderten Sitzpositionen zur Stirnseite der Klasse, wo sich die Tür befand, blicken konnte. Außerdem waren sie zu sehr mit ihrer Forschungsarbeit beschäftigt und ich beobachtete gerade eine Gruppe bei ihrer intensiven Arbeit.

Als plötzlich einige von ihren Sitzen aufsprangen und mit dem üblichen, lang gezogenen „Grüüüüß ..." das obligate, bereits einmal beschriebene Empfangsritual einleiteten, sprangen auch die anderen wie von der Tarantel gestochen auf und vollendeten das Grüßgott. Jetzt nahm auch ich seine Anwesenheit wahr.

Er stand kreideweiß in der Tür. Seinen Unmut über das Gesehene konnte ich in seinem Gesicht ablesen. Als er sich etwas beruhigt und die Sprache wiedergefunden hatte, zitierte er mich zu sich und fragte mich barsch, was dies alles bedeuten solle. Das sei ja kein Unterricht, bei dem alle machen könnten, was sie wollten. Außerdem hätte ich nicht alle Kinder im Blick und ein Tafelbild könne ich auch nicht anfertigen, wie das zur Zusammenfassung gemäß den von ihm gelernten und praktizierten Formalstufen so üblich sei. Er wünsche auch nicht, dass die Bänke verrückt würden, da dabei der schöne Holzfußboden in Mitleidenschaft gezogen werden könnte. Er jedenfalls sähe in dem ganzen Firlefanz, bei dem die Kinder nichts lernen würden, keinen Sinn. Außerdem würden die Faulen die Fleißigen nur ausnützen und selbst nichts einbringen. Er habe zwar von dieser neuen Art zu unterrichten schon gehört, doch an seiner Schule käme so etwas nicht in Frage. Er wolle die obligate Sitzordnung wieder hergestellt sehen.

Ich rechtfertigte mein pädagogisches Handeln nicht, obwohl dieses einem im Lehrplan festgeschriebenen didaktischen Grundsatz entsprach, und ließ die Tische seinem Wunsch gemäß wieder in Reihen zum Frontalunterricht aufstellen. Dabei kontrollierte er genau die Ausführung und ermahnte die Schüler immer wieder, Tische und Sessel ja nicht zu schieben, sondern anzuheben, um Schäden auf dem Fußboden zu vermeiden.

Bevor er die Klasse zu seiner Zufriedenheit und Genugtuung wieder verließ, meinte er so nebenbei, er könne sich vorstellen, dass ich jeden Tag in der Früh nicht wie gesetzlich vorgeschrieben eine Viertelstunde vor Unterrichtsbeginn in der Klasse anwesend sei, sondern mindestens eine halbe Stunde früher. In dieser Zeit könnte ich verschiedene Organisationsarbeiten erledigen oder vor allem auch schöne, gefällige Tafelbilder erstellen.

Mit Hinweis auf den Aufsichtspflichterlass lehnte ich dieses Ansinnen höflich ab, was mir naturgemäß keine Sympathiewerte bei ihm eintrug. Dennoch war ich meistens etwas früher in der Schule, um entsprechende Vorbereitungsarbeiten für den Unterricht zu tätigen. Und trotzdem schaute er jedes Mal, wenn ich in der Früh an der offenen Tür des Konferenzzimmers vorbeikam, auf seine Uhr, um mein pünktliches Erscheinen zu überprüfen.

Ich nahm mir in der Folge vor, ihm dies abzugewöhnen. Fortan beschloss ich, pünktlich nach Vorschrift um drei viertel acht Uhr am Konferenzzimmer vorbeizugehen und ihm bei diesem Kontrollblick auf seine Uhr zuvorzukommen, indem ich selbst provokant auf meine eigene blickte und ihn besonders höflich und vor allem laut grüßte. Er fühlte sich bald sichtlich provoziert und stellte in der Folge diese Aufsehertätigkeit ein.

Doch die nächste schikanöse Maßnahme seinerseits ließ nicht lange auf sich warten.

Mein Klassenzimmer lag im ersten Stock, genau gegenüber dem des Schulleiters. Zwischen beiden Räumen war das Konferenzzimmer positioniert, welches sowohl gemeinsamer Aufenthaltsraum der Lehrer als auch Büro des Leiters war. Da auf seinem Schreibtisch ein Aschenbecher – vormittags immer mit einigen Zigarettenstummeln gefüllt – stand, nahm ich durchaus berechtigt an, dass er sich zumindest in den Pausen regelmäßig eine Zigarette gönnte. Auch war der Raum immer verraucht. Also ging ich in manchen Pausen in das daneben liegende gemeinsame Lehrerzimmer, ließ die Türen offen, um die Schüler zumindest hören zu können, und rauchte eine Zigarette. Dabei benützte ich den Aschenbecher auf dem Tisch des Leiters. Als er mich einmal dabei überraschte, verbot er mir das Rauchen sofort, mit dem Hinweis, dass ich so die Klasse nicht beaufsichtigen könne. Dabei wusste ich genau, dass er sich selbst immer wieder einen Glimmstängel im von allen benützten Aufenthaltsraum gönnte. Und das nicht nur während der Pause, sondern auch während seiner Unterrichtsstunden. Und als ich ihn einmal dabei ertappte, da ich gerade eine Freistunde hatte, rechtfertigte er sich damit, dass er ein dringendes Telefongespräch führen müsse, was immer wieder vorkäme, und dabei rauche er gerne eine Zigarette zur Entspannung.

Da ich nicht ganz auf das Rauchen verzichten wollte, nahm ich von zu Hause einen Aschenbecher mit und stellte ihn auf das Fensterbrett unmittelbar neben meiner Klassentür. Ich hatte damit meine Schüler immer im Blickfeld und konnte außerdem das Fenster zur Belüftung des Ganges öffnen. Doch auch dies beanstandete er mit dem Hinweis auf die schlechte Vorbildwirkung auf die Schüler, womit er ja nicht ganz unrecht hatte. Da aber das Rauchen damals vor allem für Männer durchaus im Zeitgeist und deshalb in den Schulen nicht verboten war, rauchte ich in den Pausen immer wieder ungeniert eine Zigarette, was er sichtlich erbost nicht verhindern konnte.

Doch die Revanche seinerseits ließ nicht lange auf sich warten: Über die nächste Konferenz ließ er mich das obligate Protokoll verfassen, mit dem Auftrag, alle Wortmeldungen möglichst wortgetreu wiederzugeben und es pünktlich nach längstens einer Woche fertig zu stellen. Außerdem musste diese Niederschrift mit Schreibmaschine verfasst werden und ich hatte zu meinem Leidwesen vorher kaum einmal ein solches Gerät in der Hand gehabt. Maschinschreiben wurde im Gegensatz zu Stenografie, was ich später nie mehr brauchte, an der LBA nicht unterrichtet. Also saß ich, mich im Zwei-Finger-Suchsystem plagend, stundenlang in der Schule – ich besaß selbst keine Schreibmaschine –, um dieses Protokoll wunschgemäß zu erstellen. Als ich es ihm überreichte, zückte er sadistisch grinsend einen Rotstift und strich alles an bzw. durch, was ihm nicht passte, sodass ich gezwungen war, die Niederschrift zur Gänze noch einmal zu verfassen.

Als ich glaubte, endlich Ruhe vor ihm zu haben, hatte ich mich sehr geirrt, denn die nächste Arbeit wartete bereits auf mich: Gegen Ende September hatte jeder Schulleiter den definitiven Stundenplan erstellt zu haben und diesen bis Mitte Oktober in einer übersichtlichen, jede Stunde in Farbe ersichtlich machenden zweifachen Ausfertigung dem Bezirksschulinspektor vorzulegen. Obwohl die Endausführung des Stundenplanes mitsamt der Lehrfächerverteilung und den dazugehörenden Kommentaren zu seinen Leiteragenden gehörte, befahl er mir die Durchführung dieser zeitraubenden Arbeit. Das verlangten fast alle damaligen Schulleiter von den Junglehrern, wie überhaupt viele von ihnen die unangenehmen, aber verpflichtenden Administrationsarbeiten – für die Führung der Schulpflichtmatrik wurden sie von der Gemeinde sogar zusätzlich honoriert – den Newcomern aufbürdeten, was nicht legitim war. Die meisten Leiter setzten sich allerdings darüber hinweg.

An manchen Schulen waren die Erstangestellten gleichsam Leibeigene des Schulchefs und es war fast nicht möglich, sich dagegen zu wehren. Ich opponierte gelegentlich, wie schon geschildert, gegen diese illegalen Gepflogenheiten. Mit dem Ergebnis, dass der Schulpascha mir als unbelehrbares, widerspenstiges Subjekt auch noch jeglichen Rest an Sympathie endgültig entzog und ich nach zwei Monaten unter Billigung und Mithilfe des damaligen Bezirksschulinspektors an eine andere, weiter von meinem Heimathaus entfernte Schule versetzt wurde. Dass diese Versetzung mir nur sehr gelegen kam und von mir durch mein permanent provokantes und aufmüpfiges Verhalten auch angestrebt war, konnte sich der selbstherrliche Minidespot ja nicht vorstellen.

Mir taten nur meine Oberstufenkinder leid, die ich sehr gerne mochte und die mich auch ins Herz geschlossen hatten. Vor allem die Mädchen wollten mich nicht gehen lassen, weinten bei meinem Abschied bitterlich und erinnern mich noch heute als Erwachsene nach über fünfzig Jahren immer wieder an diese Zeit.

Wie sehr aber dieser Schulleiter mich verachten und wahrscheinlich sogar hassen musste, demonstrierte er durch die sofortige Information meines neuen Vorgesetzten über mein destruktives und unbotmäßiges Verhalten ihm gegenüber. Dieser Direktor, ein liebenswürdiger älterer Herr, konfrontierte mich in kollegialer Weise sofort mit diesen Anschuldigungen. Nach einer längeren klärenden Unterredung gingen wir vorurteilsfrei auseinander und ich konnte dennoch einen – wenn auch verspäteten – erfreulichen und konfliktfreien Schulstart in einer Schule mit einem menschlichen Leiter und einem harmonischen Schulklima erleben.

Aus dieser Zeit habe ich noch eine nette Geschichte in Erinnerung: Es war in der großen Pause nach der zweiten Schulstunde. Die Kinder liefen laut schreiend im Schulhof umher und wir Lehrer standen mittendrin, um alle gut überblicken zu können. Dabei wurde sowohl über Privates, aber auch viel über schulische Vorkommnisse geredet, als sich ein Bub seiner Klassenlehrerin näherte und sich zum Klogehen abmeldete. Als er zurückkam, fragte ihn die Lehrerin, ob er wohl seine Hände gewaschen habe. Mit großen, erstaunten Augen blickte er sie an und meinte: „Ich hab ja eh ein Papierl zum Ausputzen genommen."

Meine Erlebnisse in den ersten Schuljahren – bis zur Definitivstellung nach Ablegung der Lehrbefähigungsprüfung galt man als Junglehrer – waren beinahe exemplarisch für alle Berufseinsteiger in den meisten Volksschulen. Unter dem leninschen Motto, Kontrolle sei wichtiger als Vertrauen, wurde ich in meinem Unterricht mindestens wöchentlich einmal hospitiert. Vorbereitungen und Amtschriften wurden penibel überprüft, korrigiert und häufig auch ohne fundierte Begründung beanstandet.

Ja, selbst im Privatleben standen wir unter beflissener Mithilfe des örtlichen Pfarrers und mancher selbst ernannter Moralapostel unter permanenter Beobachtung. Ein junges, unverheiratetes Lehrerpärchen tat gut daran, seine gemeinsamen Stunden nicht im Schulort und schon gar nicht im Schulhaus, wo meistens ein Zimmer als Junglehrerwohnung bereit stand, zu verbringen. So verbot ein Schulleiter einer im Schulhaus wohnenden Lehrerin den Empfang jeglichen Besuches nach Einbruch der Dunkelheit ohne seine Kenntnisnahme, in den Wintermonaten also bereits ab siebzehn Uhr. Zu kontrollieren war die Einhaltung dieses Verbotes für ihn leicht, da er selbst mit seiner Familie im Schulhaus wohnte und das Schultor pünktlich versperrte. So konnte ohne sein Wissen, da er jede Türbewegung und jedes Schlüsselgeräusch hören konnte, die Lehrkraft das Haus nicht verlassen und auch nicht besucht werden. Alle Kontrollergebnisse wurden sofort aktenkundig gemacht und fallweise sogar an die Schulbehörde weitergeleitet.

Auch ich bekam es schon im ersten Dienstjahr bald mit dem Bezirksschulamtsleiter, dem sogenannten Bezirksschulinspektor, zu tun, nachdem ich mich fast täglich über Gebühr lange bei einer mir bereits aus der Ausbildungszeit sehr gut bekannten und im Schulhaus wohnenden Lehrerkollegin aufhielt. Eines Tages erhielt ich von diesem Aufsichtsbeamten einen völlig überraschenden und unerbetenen Besuch in der Klasse und wurde von ihm nach Punkt und Beistrich kontrolliert, wie das damals so üblich war. Nach einer mir bereits vom ersten Schulleiter her bekannten, an pädagogischer und methodischer Information spärlichen Nachbesprechungsprozedur versuchte er etwas ungelenk, ein persönliches Gespräch mit mir zu führen. Er habe erfahren, begann er zögerlich, dass ich mich häufig bis in die späte Nacht hinein bei einer jungen Lehrerin in deren Schulhauswohnung aufhielte. Dies sei ihm durch die Dorfbevölkerung zur Kenntnis gelangt. Was übrigens überhaupt nicht stimmte. Denn wie ich einige

Zeit später erfuhr, erhielt er vom dortigen Schulleiter und dieser wiederum von einer alten, ledigen und ebenfalls im Schulgebäude wohnenden Lehrerin die Information. Außerdem fügte er noch hinzu, dass er die häufige Anwesenheit bei der von ihm sehr geschätzten Lehrerin nicht gutheiße, da ein Lehrer vor allem auf dem Lande durch sein moralisch einwandfreies Verhalten Vorbildwirkung ausüben müsse. Auch würde ich die Lehrerin bei der Bevölkerung in ein schiefes Licht bringen. Deshalb solle ich diese Besuche einstellen.

Was ich natürlich nicht tat, denn in mir war bereits der Widerspruchsgeist der sogenannten 68er-Bewegung erwacht. Ich ließ mir einfach nicht mehr alles gefallen, was von der Hierarchie meiner Vorgesetzten vom Schulleiter über den Bezirksschulinspektor bis hin zum Aufsichtsorgan des Landes vorgegeben und erwartet wurde. Vor allem begann ich kritisch zu hinterfragen, inwiefern alle Anordnungen und Weisungen auch legitim waren. Übrigens ist jene Junglehrerin seit über 50 Jahren meine Frau.

Ich fand bald heraus, dass gerade diejenigen Direktoren, welche ihre Befugnisse den Lehrern gegenüber am öftesten und gravierendsten überschritten, es selbst mit ihren Dienstpflichten nicht sehr genau nahmen. So war der bereits geschilderte Leiter meiner ersten Dienststelle im Nebenberuf auch Geschäftsführer der örtlichen Raiffeisenkasse, in welcher auch seine erste Frau tätig war. Nicht selten wurde ich zur Mitbeaufsichtigung oder, wenn ich gerade eine Freistunde hatte, zum Supplieren – natürlich unentgeltlich – eingeteilt, weil er, wie ich bald herausfand, in seiner Bank verschiedene Arbeiten zu erledigen hatte. Meistens begründete er seine Abwesenheit von der Schule mit dringlichen Erledigungen auf dem Gemeindeamt, welches im selben Gebäude wie die von ihm geführte Bank seinen Sitz hatte. Neu in seine Schule eintretenden Lehrern legte er sofort nahe, in seinem Geldinstitut ein Konto zu eröffnen, was viele auch ohne Widerrede tätigten. Ich tat ihm den Gefallen allerdings nicht.

Nebenbei bemerkt: Bald begann er mit einer Junglehrerin ein Verhältnis, ließ sich von seiner Frau scheiden und heiratete seine Geliebte.

Wie sehr in die Persönlichkeitsrechte aller Lehrer vor allem seitens der Schulaufsicht eingegriffen wurde, sei durch das folgende Beispiel demonstriert: Anfang der Sechzigerjahre kam der für die damalige Zeit sittenwidrige erotische Film *Die Sünderin* mit Hildegard Knef in den Kinos zur Aufführung, in welchem sich die Hauptdarstellerin für kaum länger als einen Augenblick nackt zeigte. Als dieser Streifen auf dem Spielplan des Lichtspieltheaters der Bezirkshauptstadt aufschien, verbot der damalige Bezirksschulinspektor durch eine schriftliche Weisung im Verordnungsblatt allen Lehrern seines Aufsichtsbereiches den Besuch dieses verruchten Machwerkes. Er selbst stellte sich vor den Kinoeingang, um die Einhaltung seiner Anordnung zu kontrollieren. Das hatte naturgemäß zur Folge, dass sich viele Lehrer – die meisten durch das Verbot erst informiert und neugierig gemacht – diesen Film in anderen Kinos außerhalb des Bezirkes anschauten.

In den nächsten drei Jahren unterrichtete ich an einer kleinen Hauptschule meine Lieblingsgegenstände Deutsch, Geografie und Turnen. Der Direktor war ein kleiner, gemütlicher Herr, der es verstand, ein angenehmes Schulklima unter seiner Lehrerschaft herzustellen. Wir gingen regelmäßig nach der Konferenz – damals monatlich, in meinen letzten Dienstjahren nur mehr alle drei Monate vorgesehen – in den Kegelklub, um dort oft bis nach Mitternacht die Kugel rollen zu lassen.

In dieser Zeit absolvierte ich auch meinen neunmonatigen Präsenzdienst beim Bundesheer. Ich diente bei der Artillerie und wurde zum Einsatz der völlig neuen, auf Lastwagen montierten Raketenwerfer – einer Art „Stalinorgel" tschechisch-slowakischer Herkunft – ausgebildet. Diese neunmonatige Zeit beim Militär war zwar eine unangenehme, nicht willkommene Unterbrechung meiner Berufstätigkeit als Lehrer, aber insofern interessant, da es eine technische Einheit war und daher die Zeit relativ schnell verging. Weil es sich um den Aufbau einer neuen Artillerieeinheit handelte, wurden viele Rekruten mit höherer Schulbildung benötigt, sodass die Anzahl der Maturanten verhältnismäßig hoch war und wir eine homogene und bei den Vorgesetzten geschätzte Einheit bildeten.

Die ersten Wochen der Grundausbildung wurden uns leider durch primitive, ungebildete und zynische Chargen, welche gerne über die Maßen Alkohol zu sich nahmen, und einem penetrant narzisstischen, von sich eingenommenen jungen Leutnant vergällt. Wir hatten aber das Glück, im Kommandanten der Batterie – bei den anderen Waffengattungen etwa einer Kompanie vergleichbar – einen menschlichen und gütigen Major als obersten Vorgesetzten zu haben, welcher durch primitive Ausbildner getätigte unmenschliche und sadistische Übergriffe, die ich ihm im Rahmen gelegentlicher Aussprachen zur Kenntnis brachte, nicht duldete.

Im Anschuss an meine Dienstzeit beim Heer legte ich gleich die für die definitive, endgültige Anstellung als Lehrer erforderliche und mit einer Art Diplomarbeit verbundenen Lehrbefähigungsprüfung für Volksschullehrer ab. Die folgende Definitivstellung war auch Voraussetzung für eine Bewerbung zum Leiter einer Volksschule.

Ein neues, bundeseinheitliches Dienstrecht für die Lehrer

Zu Beginn meiner Dienstzeit verabschiedete das österreichische Parlament ein für alle Bundesländer einheitliches Landeslehrer-Dienstgesetz, welches erhebliche Verbesserungen im Dienst- und Besoldungsrecht brachte. Es sollte den Lehrberuf attraktiver machen, denn es herrschte akuter Mangel an Lehrern. Neben den Berufspflichten und -rechten wurde auch die Stundenverpflichtung geregelt und die Lehrergehälter bundeseinheitlich auf ein gleiches Niveau angehoben.

Viel Freude wegen der wirtschaftlichen Besserstellung hingegen brachte für alle Lehrer die Regelung des Ausmaßes der zu unterrichtenden Stunden bzw. der Abgeltung der bei dem bereits erwähnten Lehrermangel anfallenden Mehrleistung. Vor allem in den Hauptschulen wurde die Lehrverpflichtung durch Abschlagstunden für diverse Klassenvorstandsgeschäfte, Korrekturstunden vor allem in Deutsch und Englisch sowie durch sogenannte Kustodiate – Betreuung der Lehrmittelsammlung, Turnsaaleinrichtung, Lehrerbibliothek u.a.m. – deutlich vermindert. Da viele Lehrerstellen nicht besetzt werden konnten, wurden die so anfallenden freien Stunden unter den Lehrern aufgeteilt und auch finanziell bestens abgegolten. Auch jede Supplierstunde für einen dienstverhinderten Kollegen wurde vom Staat bezahlt. Da für dieses Zusatzgehalt auch ein Pensionsbeitrag entrichtet werden musste, konnte nach dem altersbedingten Berufsausstieg sicher mit einer höheren Pension gerechnet werden.

Für die Volksschullehrer war da weniger zu holen, denn es gab mit Ausnahme der Kustodiate für die Lehrer lange Zeit keine Abschlagstunden, auch nicht wie in den Hauptschulen für Deutsch als Gegenstand mit erhöhtem Zeitaufwand für die Korrektur. Lediglich die vom Unterricht freigestellten Schulleiter – jene mit mehr als acht Klassen in der Schule – rissen sich eine Klasse unter den Nagel und partizipierten am großen Überstundenkuchen. Das ging so weit, dass manche mit allen Mitteln versuchten, durch die Installierung einer Sonderschulklasse eine neunte Klasse zu erhalten. Dazu mussten entsprechend viele Schüler zu Sonderschülern ausgemustert werden, was bei nicht wenigen völlig grundlos geschah und einer sozialen Degradierung gleich kam. Mit einem Sonderschulzeugnis waren ihnen die meisten Lehrstellen nicht zugänglich. An einer Volksschule im Bezirk gab es 12,5 % Sonderschüler bei einem Landesdurchschnitt von knapp 3 %. Die Lehrer hatten durch diese Ausmusterung der lernschwachen Schüler den Vorteil, ohne viel persönliches Engagement in leistungshomogenen Klassen unterrichten zu können, und mussten sich nicht allzu viele Gedanken über eine arbeitsaufwändigere differenzierte Unterrichtsgestaltung machen. Der Schulleiter wiederum kam in den Genuss, dass er die meisten Stunden, die er trotz seiner Freistellung wegen eines nicht zur Verfügung stehenden Lehrers mit Freuden hielt, fürstlich entlohnt bekam.

Für mich war es jedenfalls beschämend, wie die meisten Lehrer – die Schulleiter eingeschlossen – jetzt buchstäblich um jede anfallende Mehrdienstleistungsstunde stritten und kämpften, obwohl die Verminderung der Stundenverpflichtung von der Gewerkschaft mit dem fragwürdigen, widersprüchlichen Argument der Arbeitsüberlastung errungen worden war. Das zusätzliche Einkommen aus den während des ganzen Schuljahres bestehenden Überstunden wurde als fester Gehaltsbestandteil angesehen, mit dem sicher gerechnet wurde. Viele konnten sich den Wegfall dieses Geldes nicht mehr vorstellen, denn sie hatten ihre Investitionen – meistens in den Bau eines neuen Hauses – und ihren Lebensstil bereits über Jahre hinaus auf dieses Zubrot ausgerichtet.

Dieser Kampf um jede einzelne Überstunde erreichte nach einigen fetten Jahren ihren unappetitlichen Höhepunkt, als auf Grund der durch die geschilderten gesetzlichen Maßnahmen erzielte Besserstellung des Lehrberufes dieser an Attraktivität gewann und sukzessive wieder mehr Lehrer zur Verfügung standen. Außerdem nahm die Zahl der Schüler und damit auch der Klassen ab. Jetzt verweigerten die Lehrer, vor allem die an den Hauptschulen unterrichtenden, die Aufnahme von zusätzlichen Lehrern, sogenannten *„Überstundenfressern"*. Dem Obmann des im Bezirk dominierenden schwarzen Lehrerbundes, der gleichzeitig auch Vorsitzender der Bezirkspersonalvertretung und der Gewerkschaft der Pflichtschullehrer war, wurde von den Hauptschuldirektoren sogar angedroht, ihn nicht mehr zu wählen, sollte er nicht zuerst den Personalstand der Volksschulen auffüllen.

Auch ich profitierte während meiner dreijährigen Tätigkeit an der Hauptschule von dieser großzügigen Lehrverpflichtungsregelung, ging aber trotzdem an die Volksschule, in der meine Frau unterrichtete. Ich habe diesen Schritt nie bereut, obwohl ich der genannten Privilegien verlustig wurde.

Etwa zeitgleich mit dem erwähnten Landeslehrerdienstgesetz trat auch ein neues Personalvertretungsgesetz in Kraft. Dieses regelte die Vertretung des einzelnen Lehrers gegenüber den vorgesetzten weisungsbefugten Kontrollorganen und den Dienstbehörden (Schulleiter, Bezirksschulrat mit Bezirksschulinspektor,

Landesschulrat mit den zuständigen Inspektoren). Die Mitglieder sollten alle fünf Jahre gleichsam dem Verhältniswahlrecht in die österreichischen Gebietskörperschaften über Parteilisten gewählt werden. Die Kandidaten für den Einzug in das sechsköpfige Lehrervertretungsgremium wurden von den politischen Lehrerverbänden oder auch Interessengruppen (z. B. „Die Grünen") auf die Wahllisten gesetzt. Die Nominierung für die Liste der im Bezirk dominierenden Volkspartei erfolgte, wie auch bei den andern eingesessenen Parteien, aber nicht etwa in einer Urwahl durch alle Parteimitglieder, sondern durch den Parteivorstand. In diesem waren hauptsächlich die Direktoren der Pflichtschulen vertreten. Von den sechs gewählten Personalvertretern saßen gleich vier Schulleiter in diesem eigentlich für die Lehrer bestimmten Gremium. Ein Direktor wurde auch immer zum Vorsitzenden gewählt.

Bei wem sollte da ein von seinem Vorgesetzten ungerecht behandelter Lehrer vorstellig und eine berechtigte Beschwerde zu seinen Gunsten entschieden werden, wenn Täter und Richter in Personalunion tätig waren? So saßen die Vorgesetzten immer am längeren Ast, denn eine Krähe hackt bekanntlich einer anderen kein Auge aus. Und obwohl ich als Schulleiter auch in diesem die Kandidatenliste erstellenden Gremium vertreten war, verlangte ich zum Missfallen meiner Kollegen, dass maximal ein Direktor an wählbarer Stelle aufscheinen dürfe. Ich konnte mich mit dieser Forderung durchsetzen, wurde aber ab diesem Zeitpunkt von den meisten meiner Leiterkollegen und „Parteifreunde" politisch ignoriert, als Verräter denunziert und in die interne Meinungsbildung nicht mehr miteinbezogen, sodass ich nach fast dreißigjähriger Parteizugehörigkeit aus dem Lehrerbund und damit auch aus der konservativen Partei austrat.

10 Jahre Schulleiter an einer Landschule – Freude an Gestaltung

Bald im Dorfleben verankert

Bereits im ersten Dienstjahr heiratete ich die von mir schon erwähnte Volksschullehrerin und ließ mich im fünften Jahr von der Hauptschule an die kleine Landschule versetzen, in welcher meine Frau unterrichtete. Da die Pensionierung des dort tätigen Direktors in absehbarer Zeit bevorstand, übernahm ich nach Ablegung der für die Definitivstellung notwendigen Lehramtsprüfung und nach dessen endgültigem Ausscheiden aus dem Schuldienst die provisorische Leitung und wurde bald danach zum Volksschuldirektor ernannt. Das war für mich als quasi noch Junglehrer mit gerade vier vollendeten Dienstjahren bzw. 23 Lebensjahren ein erfreulicher Karrieresprung, welcher so später nicht mehr möglich war. Die nächsten zehn Berufsjahre auf dem Lande sollten die schönsten in meinem ganzen Lehrerleben werden.

Zum besseren Verständnis muss ich anführen, dass der Volksschulstandort einer von sieben ehemals Kleingemeinden war, welche Anfang der Siebzigerjahre zu einer Großgemeinde zusammengelegt wurden. Im zentralen Gemeindehauptort mit dem Sitz der Gemeindeverwaltung gab es zwar eine Hauptschule, aber keine Volksschule. Bei der Eingemeindung der sieben Dörfer wurde auf die Änderung der Schulsprengelverordnung leider vergessen, sodass mehr Schüler der Schulsitzgemeinde die Volksschule der Nachbargemeinde besuchten als die gemeindeeigene, welche ich leitete.

Es hatte sich in dem kleinen Ort, in dem sich meine Volksschule seit über zweihundert Jahren befand, durch deren langjährige Existenz, aber auch andere fördernde Einrichtungen ein gut funktionierendes Gemeinschaftsleben entwickelt. Aus dem für mich und meine Familie glücklichen Umstand, dass sich im Schulgebäude – wie übrigens in vielen ländlichen Kleinschulen – eine Schulleiterwohnung befand, in der wir wohnen konnten, wurden meine Frau und ich bald in das florierende Dorfleben eingebunden.

Abgesehen davon, dass unsere vier Kinder in erlebnisreicher ländlicher Umgebung aufwachsen konnten, waren wir nach kurzer Zeit völlig im Gemeinde- und Dorfgeschehen integriert. Es gab kein Dorffest, bei dem wir nicht mithalfen, und auch kirchliche Feste wie die Erstkommunion wurden zum gemeinsamen Erlebnis für die gesamte Bevölkerung. Ich wurde immer wieder zum damals noch häufig praktizierten Schnapsbrennen eingeladen und spielte, wenn es sich gerade so ergab, auch hin und wieder eine Kartenpartie um ein Krügel Bier im örtlichen Gasthaus. Sogar zur Mithilfe bei der Geburt von Kälbern wurde ich, wenn Not am Mann war, von meinen bäuerlichen Nachbarn gerufen. Ein lustiges Erlebnis darüber habe ich in meinem Buch „Der Abgeordnete und andere Geschichten vom Lande" geschildert.

Das Schulhaus war am Nordrand des Dorfes in der sanft in das hügelige Weinland auslaufenden, fruchtbaren und von der Mur durchflossenen Ebene gelegen. Gleich nach dem Schulareal begannen die bewirtschafteten Felder, welche von einigen die Erosion durch den Wind bannenden Mischwäldern und Gebüschreihen durchzogen waren. An der Schule führte eine wenig befahrene, wegen ihrer Fahrbahnenge aber für die Schulkinder nicht minder gefahrvolle Straße vorbei. Nach Einführung der Schülerfreifahrt anfangs der Siebzigerjahre wurden die meisten Kinder mit dem Bus zur Schule und wieder nach Hause gebracht, sodass sich die Unfallgefahr beträchtlich verminderte. Unmittelbar neben dem Schulhaus befand sich ein Bauernhaus mit bewirtschafteten Nebengebäuden, welche vor allem unserem jüngsten Sohn gemeinsam mit dem gleichaltrigen Buben des Bauern ein Eldorado für Spiele und Abenteuer waren. Schon bevor wir in der Früh aufwachten, war unser Kleiner vor allem an Wochenenden bereits beim Nachbarn im Schweinestall, um die Tiere füttern zu helfen. Oft kam er so bestialisch stinkend heim, dass ihn meine Frau noch vor der Haustüre pudelnackt auszog und anschließend unter die Dusche stellte. Die Kleidungsstücke mussten noch stundenlang im Freien auslüften, bevor sie in die Waschmaschine gesteckt werden konnten.

Kaum zehn Gehminuten von der Schule entfernt wohnte eine liebe Familie, welche nebenberuflich noch eine kleine Landwirtschaft mit zwei Kühen und einigen Schweinen – hauptsächlich für den Eigenbedarf – bearbeitete. Dort liefen glückliche Hühner frei umher und auf dem Misthaufen krähte in aller Früh auch noch ein Hahn. Die alten Bauersleute waren für meine Kinder Ersatzgroßeltern, und eine Tochter – für unsere Familie die Tante Mitzi – hatten wir jahrelang halbtags als Kindermädchen angestellt. Von ebendiesem Bauernhof holten unsere Kinder allabendlich die frische Kuhmilch und vertrödelten auf dem Heimweg meistens viel Zeit. Gelegenheiten zum Spielen ergaben sich genug, vor allem dann, wenn ihnen auch noch Schulfreunde begegneten. Jahre später – wir wohnten nicht mehr in diesem Ort – erzählte Tante Mitzi, dass es nicht selten vorgekommen war, dass sie die Milchkanne ein zweites Mal füllen musste, weil unsere Sprösslinge beim Herumtollen auf dem Weg nach Hause die Milch verschüttet hatten.

Einige Jahre bewirtschafteten meine Frau und ich auch den nicht allzu großen Gemüsegarten hinter dem Schulgebäude. So ein schuleigener Gemüsegarten, vielleicht auch noch mit einer Spielwiese mit Obstbäumen, war in den Jahren nach dem Krieg von den meisten Schulleitern sehr begehrt und oft Hauptkriterium für die Bewerbung um eine Schule mit einem Heimgarten. Kaum bemerkte einer meiner lieben Nachbarn mich im Herbst, meistens am späten Nachmittag, beim Umstechen der Beete, war er bald darauf mit einem Frontlader voll Kuhmist zur Stelle und kippte diesen über den Zaun in den Garten. Dabei konnte er sich die launische Bemerkung nicht verkneifen, dass sicher etwas Ordentliches wachsen müsse, wenn die Erde mit Lehrerschweiß durchtränkt sei. Ohne eine gute Mistdüngung sei aber alle Mühe umsonst, was er nicht verantworten könne. Dass wir uns dann gemeinsam einige Weinmischungen – in dieser Weinregion eine erfrischende Verbindung aus Wein und Mineralwasser, in Deutschland Schorle genannt – einverleibten, war wohl selbstverständlich. Und der Arbeitstag war für uns beide dann auch schon zu Ende.

Bald nahm ich am Vereinsleben im Ort, aber auch in der ganzen Großgemeinde regen Anteil: So trainierte ich einige Jahre die Fußballmannschaft der Gemeinde, war Gründungsmitglied des Eisschützenvereins, sang in dem von meiner Frau ins Leben gerufenen und geleiteten Gesangsverein und war auch dessen Obmann. Unsere Singgemeinschaft, welche in ihrer Blütezeit über vierzig Mitglieder umfasste, wurde gerne zu öffentlichen Veranstaltungen innerhalb und außerhalb der Gemeinde sowie zu musikalischen Gottesdienstgestaltungen bei Hochzeiten oder anderen feierlichen privaten Anlässen eingeladen. Vor allem mit dieser singenden Gemeinschaft waren wir sehr verbunden und erlebten viel Schönes und Lustiges.

Da ich auch bald Obmann des Arbeitnehmerbundes der konservativen Partei Österreichs in der Großgemeinde war, blieb es nicht aus, dass ich vom Bürgermeister, welcher mir ein väterlicher Freund werden sollte, gebeten wurde, mich auf seine Kandidatenliste für die Gemeinderatswahlen setzen zu lassen. Ich wurde gewählt und konnte so fast zehn Jahre lang das politische Leben in der Gemeinde mitgestalten. Nicht selten rief mich der Bürgermeister in aller Früh an und bat mich, mit ihm zur Landesregierung zu fahren, um für verschiedene Vorhaben in der Gemeinde die notwendige Finanzierung sicherzustellen. So wurde in dieser Zeit das gesamte Bauhofareal eines pleitegegangenen Bauunternehmens gekauft und darauf ein kleiner Gewerbepark errichtet, in welchen eine Schuhfabrik einzog.

Als Bildungsreferent hatte ich auch maßgeblichen Anteil am Bau des Kindergartens und an der Errichtung einer kleinen Bibliothek für die Bevölkerung sowie an der Renovierung sowohl der Haupt- als auch der Volksschule. Schließlich wurde neben der Volksschule für die Lehrer auch ein Lehrerwohnhaus mit drei unterschiedlich großen Wohnungen gebaut.

Bei diesen zweckdienlichen Vorsprachen in der Landesregierung lernte ich sowohl den Landeshauptmann als auch andere Regierungsmitglieder und die höchsten Beamten des Landes kennen, was mir zum Vorteil gereichte, als ich mich nach einigen Jahren erfolgreich um eine größere Volksschule in der Nähe meines Heimatdorfes bewarb.

Meine ersten Jahre als Schulleiter der kleinen Dorfschule waren auch geprägt von gravierenden Veränderungen im schulischen Bereich. Ziemlich gleichzeitig mit der Verabschiedung des bundeseinheitlichen Landeslehrer-Dienstgesetzes wurde auch der bestehende Lehrplan gründlich novelliert und ein neues Schulunterrichtsgesetz in Kraft gesetzt. Die praktische Umsetzung stieß auf Grund der Überalterung des Lehrkörpers vielerorts auf erheblichen Widerstand.

So unterrichtete bei mir neben meiner Frau auch noch eine ältere Lehrerin – sie war übrigens die Schwester des von mir bereits beschriebenen Englisch-Professors an der Lehrerbildungsanstalt –, welche das gesetzliche Pensionsantrittsalter schon überschritten hatte. Wegen des akuten Mangels an Lehrpersonal wurde sie von der Schulbehörde aber gebeten, noch im Dienst zu bleiben. Diese bigotte Frau – sie war nie verheiratet und schon Jahrzehnte an der Schule tätig – weigerte sich hartnäckig, die Mädchen in Turnkleidung turnen zu lassen, und versuchte sogar bei ihresgleichen im Dorf gegen meine Frau und mich – allerdings erfolglos – wegen dieses unsittlichen Outfits Stimmung zu machen.

Regelmäßig an jedem Montag wurden ihre Schüler ausgefragt, ob sie tags zuvor wohl den Gottesdienst besucht hätten. Die braven Schäfchen wurden mit Süßigkeiten oder anderen Gaben wie kleinen Votivbildern, belohnt, die säumigen streng ermahnt und getadelt. Dabei schloss sie in die Ermahnung auch gleich die Eltern mit ein. Um diesen fragwürdigen Erziehungsmaßnahmen zu entgehen und auch durch die Eltern angestiftet, deklarierten sich durch Aufzeigen bald alle Schüler ihrer Klasse als Besucher der Sonntagsmesse. Lange ließ sie sich nicht täuschen und begann, die wirklichen Erfüller der Sonntagspflicht durch Abfragen des Inhaltes der Lesung oder des Evangeliums herauszufiltern. Die sündigen Lügner mussten auf dem Podium Aufstellung nehmen und wurden so vor dem Rest der Klasse gleichsam an den Pranger gestellt. Als ich von diesen anachronistischen pädagogischen Maßnahmen Kenntnis erhielt, bat ich sie höflich, davon Abstand zu nehmen, was sie, wenn auch widerwillig und mir einige Zeit nicht gerade freundlich gesinnt, dann auch tat. Leider sparte sie, wie es in fast allen Schulen damals üblich war, auch nicht mit Ohrfeigen und anderen körperlichen Züchtigungen. Ich glaube, ich konnte diese streng verbotenen Erziehungsmittel, obwohl ich ihr die dienst- und strafrechtlichen Konsequenzen einige Male zur Kenntnis brachte, nie wirklich zur Gänze abstellen. Klagen seitens der Eltern kamen aber nicht mehr. Nachdem sie sich auch noch beharrlich weigerte, neue Lehrplaninhalte wie *Neue Mathematik* – fälschlich von vielen Lehrern als Mengenlehre bezeichnet und leider aus Unverständnis auch boykottiert – und *Sexualerziehung* in ihren Unterricht einfließen zu lassen sowie als Aufsichtsperson beim Schwimmunterricht zu agieren, urgierte ich beim Bezirksschulrat ihre Pensionierung, worauf sie im 69. Lebensjahr in den Ruhestand versetzt wurde. Diese Intervention verzieh sie mir nie, was mir insofern sehr leid tat, weil sie eine gewissenhafte, sozial engagierte Pädagogin alten Schlages war, die ihren Beruf über alles liebte und sich dafür geradezu berufen fühlte. Sie war mit Herz und Seele Lehrerin, vermittelte in konsequenter Weise Generationen von Schülern die Kulturtechniken Lesen, Schreiben und Rechnen und zählte nie die vielen Stunden, in denen sie lernschwachen Kindern zusätzliche Hilfe zukommen ließ.

Ich wollte eben als ehrgeiziger, junger Schulleiter an meiner Schule einen zeitgemäßen und erfolgreichen Unterricht gestalten, wobei mir meine Frau tatkräftig zur Seite stand. Der von ihr geleitete Schulchor war über den Bezirk hinaus bekannt, denn er wurde von den Fachjuroren und vom Bezirksschulinspektor, welcher ein begeisterter Musiker war, regelmäßig für das Landesjugendsingen nominiert. Außerdem führte sie als eine der ersten Lehrer im Bezirk den regelmäßigen Instrumentalmusikunterricht – wie auch Chorgesang selbstverständlich freiwillig und unbezahlt – mit Schwerpunkt Flöte und Orff'sches Musikwerk ein. Die kostbaren Instrumente wurden von den eingeschulten Gemeinden großzügig sonderfinanziert.

Ich selbst war für das Sportliche zuständig, wobei mich die zugewiesenen, durchwegs tüchtigen jungen Lehrerinnen bestens unterstützten. So fuhren wir im von den Eltern bezahlten Bus ab Juni, sofern es die Witterung erlaubte, einige Male in ein nahe gelegenes Freibad zum ganztägigen Schwimmunterricht. Es war der Ehrgeiz aller Lehrer, nach der vierten Klasse 100 % der Schüler als Schwimmer in die Hauptschule zu entlassen, was bis auf wenige Ausnahmen auch gelang. Als das neue Schulunterrichtsgesetz mehrtägige Schulveranstaltungen erlaubte, war ich der erste Schulleiter im Bezirk, der diese Möglichkeit nützte und mit den Kindern der vierten Klasse eine Schwimm- und Wanderwoche in einem für die Eltern finanziell leistbaren und in einem wunderschönen Almgebiet gelegenen Hotel mit Hallenbad veranstaltete. Kinder und Eltern waren begeistert und diese Woche wurde zum etablierten Bestandteil jedes Schuljahresendes. Nachdem ich nach achtjähriger Tätigkeit an dieser kleinen Dorfschule die Leitung an einer anderen Schule verliehen bekam, war es diese Schulveranstaltung, die ich erstmals dort einführte.

Anfügen möchte ich unbedingt ein wichtiges Erlebnis aus der ersten Zeit meiner Tätigkeit in diesem Schulort, welches zeigen soll, mit welchen Problemen ein unerfahrener, begeisterter und höchst motivierter Lehrer konfrontiert werden kann. Ich habe diese Episode auch in meinem bereits erwähnten Anekdotenbüchlein „Der Abgeordnete und andere Geschichten vom Lande" veröffentlicht.

„Wer fürchtet sich vor dem Schwarzen Mann? Wer fürchtet sich vor dem Schwarzen Mann?" Diese einem beliebten Kinderspiel entnommene, in diesem Falle jedoch zweckentfremdete Ruffrage an die mehrheitlich christlich-sozialen Bauern, im Volksmund auch „schwarze" Bauern genannt, erschallte nach dem Hissen der Hakenkreuzfahne am Tage der Machtübernahme Adolf Hitlers im März 1938 vom Glockenturm der kleinen Dorfkapelle. Das wurde mir jedenfalls über ein Vierteljahrzehnt nach diesem für

Österreich fatalen geschichtlichen Ereignis erzählt, nachdem ich nach kurzer Zeit als Leiter der Schule das Vertrauen vieler Bewohner erworben hatte. Auch der Name des begeisterten und fanatischen, plötzlich aus der Illegalität der Mitgliedschaft bei den Nazis herausgetretenen Rufers wurde mir unter vorgehaltener Hand zugeflüstert. Natürlich war die hochbrisante Mitteilung mit dem Wunsch verbunden, über die Informanten Stillschweigen zu bewahren und über das damalige Geschehen in der Öffentlichkeit am besten den Mantel des Schweigens zu breiten.

Es handelte sich bei dem damaligen Rufer, wie zwar alle wussten, aber kaum jemand in der Öffentlichkeit darüber sprach, um einen verheirateten kinderlosen Kleinbauern, welcher mit den Erträgen seiner Landwirtschaft so schlecht und recht sein Leben fristete. Diesen lernte ich persönlich erst sehr spät durch ein – wie mir in meiner unbefangenen Nichtkenntnis der Dorfgeschichte vorerst schien – unbedeutendes schulisches Ereignis kennen und später als durchaus gebildeten und noch immer wissbegierigen Gesprächspartner schätzen. Der sympathische Mann suchte fortab bei jeder Gelegenheit das Gespräch mit mir, obwohl er und sein Parteifreund, der damalige freiheitliche Bürgermeister, einen veritablen Eklat gegen mich, dem zugezogenen Neuen, im Dorf inszenierten. Darüber möchte ich – bewusst als Abschluss dieses Kapitels gewählt – berichten, um zu dokumentieren, dass es gerade für uns junge Lehrer sowohl in der Schule unter den älteren Kollegen als auch in der Bevölkerung noch viele unausgemerzte Ressentiments und offene Rechnungen unter den politischen Lagern der Vorkriegszeit gab.

Meinem Geschichtelehrer in der Lehrerbildungsanstalt sei Dank, dass ich auch über die geschichtlichen Vorgänge in der Ersten Republik fundierte Kenntnisse erlangen konnte. Außerdem wurden wir Lehramtskandidaten von ihm angehalten und ermuntert, diesen Abschnitt der österreichischen Geschichte den Schülern der Volksschuloberstufe nicht zu verschweigen und zur unterrichtlichen Aufarbeitung eventuell auch Zeitzeugen einzuladen. Nicht hingewiesen hatte er aber darauf, dass wir im Vorfeld der geschichtlichen Betrachtungen im Unterricht zuerst einmal die politische Situation und Stimmung der unmittelbaren Vorkriegszeit im Dorf erkunden sollten. Die Folgen meiner unterrichtlichen Aufarbeitung des Dritten Reiches in der damaligen, heute aber nicht mehr existierenden Volksschuloberstufe konnte ich bei bestem Willen und auch wegen meiner Naivität ob der zeitlichen Distanz der damaligen Geschehnisse nicht erahnen. Vor allem die örtlichen Gegebenheiten in dieser unseligen Zeit waren mir nicht bekannt. Gewundert habe ich mich aber schon, dass dieser kleinen Gemeinde trotz der landwirtschaftlichen Struktur kein konservativer Bürgermeister, sondern ein national-freiheitliches Gemeindeoberhaupt vorstand.

Also begann ich völlig unvoreingenommen und bar aller Kenntnis der Brisanz dieses Themas in der Schul-, aber auch in der Nachbargemeinde den Schülern die österreichische Geschichte der Dreißigerjahre methodengerecht, wie wir in der Ausbildung gelernt hatten, zu vermitteln. Als plakativen Einstieg wählte ich die Besichtigung des Kriegerdenkmals, wo die Schüler auf den Gefallenenlisten beider Weltkriege viele bekannte Namen erkennen konnten, sodass der Wunsch, mehr aus der zweiten Hälfte des zwanzigsten Jahrhunderts und folglich aus dem Leben ihrer Eltern und weiteren Verwandtschaft zu erfahren, sehr groß war.

Nach chronologischer Darstellung der wichtigsten geschichtlichen Ereignisse dieser Zeit forderte ich die Schüler auf, quasi Reporter spielend die Großeltern, Eltern und andere Verwandte und Bekannte über die noch in Erinnerung befindlichen Geschehnisse berichten zu lassen und darüber Aufzeichnungen zu führen. Dabei unterliefen mir zwei Fehler, die wenige Tage später zu der von mir nicht beabsichtigten und schon gar nicht gewünschten Weckung bereits verschüttet gewähnter Feindbilder aus der jüngsten Vergangenheit führten: Erstens übersah ich, dass in der Klasse der Sohn des freiheitlichen Bürgermeisters, ein lieber, aufgeweckter und wissbegieriger Bub, saß, und zweitens erzählte ich von den illegalen Sympathisanten und Mitgliedern der damals verbotenen NSDAP (Nationalsozialistische Deutsche Arbeiterpartei), deren es in Österreich in den Dreißigerjahren bald Hunderttausende gab. Noch dazu forderte ich die Schüler auf, zu Hause nachzufragen, ob solche bekannt seien.

Tags darauf stand bereits in aller Früh der Ortsparteiobmann der konservativen Partei und spätere Gemeinderatskollege mit hochrotem Kopf in meiner Kanzlei und bedrängte mich, mit dieser Bespitzelung aufzuhören. Er fragte mich empört, ob ich nicht wisse, wie heikel dieses Thema gerade für diesen Ort sei. Von „noch nicht verheilten Wunden" stammelte er ebenfalls und dass er dahingehend seine Ruhe haben wolle. Außerdem habe er es politisch als Vizebürgermeister so schon schwer genug, da die Liberalen in der Gemeinde die Mehrheit hätten und den Bürgermeister stellten. Und nun käme ich daher und brächte Unruhe ins Dorf. Er war sichtlich erbost und stürmte, ohne meine Antwort abzuwarten, aus dem Schulhaus. Mittlerweile wurde mein Vergehen auch an der Milchsammelstelle, dem Tratsch-, aber durchaus wichtigen örtlichen Informationsaustauschzentrum, publik und, wie ich kurze Zeit später erfuhr, sehr unterschiedlich bewertet. Die Diskussion war jedenfalls voll im Gange, das braune und schwarze Lager gespalten wie ehedem. Und als Sündenbock stand ich da: wie ein begossener Pudel und ohne jede Möglichkeit, mich zu wehren. Bis eines Tages ein Brief ins Haus flatterte – anonym natürlich –, in welchem ich barsch aufgefordert wurde, die Geschehnisse aus der Vergangenheit ruhen zu lasse. Schließlich sei ich zu jung, um dabei gewesen zu sein, und könne deshalb auch nicht verstehen, wie es zu den damaligen Ereignissen gekommen sei. Ich hätte mein Wissen sowieso ausschließlich aus Büchern, welche nur von den Siegern, allen voran den Russen, geschrieben worden seien. Außerdem gäbe es heute nicht nur bei den Freiheitlichen, sondern auch bei den Schwarzen genug ehemalige Illegale.

Nun konnte ich zumindest erahnen, dass das Schreiben nur aus der deutschnationalen Ecke stammen konnte. Sogleich besuchte ich ohne Umschweife den eingangs erwähnten „Glockenturm-Muezzin" und konfrontierte ihn mit dem Schreiben, dessen Urheberschaft er auch nicht zu leugnen versuchte. Ich lud ihn und seine Gesinnungsfreunde für den nächsten Samstag gegen Abend zu einem gegenseitigen Gedankenaustausch in die Schule ein. Er sagte sein Kommen zu und versprach, auch seinen Parteifreund, den Bürgermeister, und noch weitere Dorfbewohner mitzubringen. Dass wir beide bei dieser Aussprache allein sein würden, war mir von vornherein klar. Schließlich genügte es mir, dass ich mit ihm als Hauptagitator und wichtigsten Meinungsbildner – er war auch Obmann des örtlichen Kameradschaftsbundes – ausgiebig diskutieren konnte.

Bei einigen Gläschen Wein brachten wir einander unsere Standpunkte nahe und unterhielten uns bis spät in die Nacht hinein über Gott und die Welt. Er erzählte mir viel aus seinem Leben, und dass er als kleiner Keuschler nach dem Anschluss Österreichs an Deutschland von heute auf morgen ohne Schulden gewesen sei und es bei der deutschen Wehrmacht bis zum Feldwebel gebracht habe. Und das alles durch die Politik des Führers für die kleinen Leute. Außerdem habe er durch seinen illegalen Einsatz für die verbotene Hitlerpartei viele kostenlose Kurse wie eine sehr intensive Rednerschulung besuchen dürfen.

Zwischendurch prüfte er mich immer wieder, ob ich wohl die lateinischen Idiome kannte, die er dort gelernt hatte und von welchen er später bei allen seinen Reden zum Beweis seiner erweiterten Bildung ausgiebig Gebrauch machte. So verwendete er als Einleitung der Nachrufe bei Kameradenbegräbnissen fast immer die Redewendung „De mortuis nihil nisi bene" (Über die Toten nichts als nur Gutes), was bei der Bevölkerung stets gut ankam.

Ich bestand diese Lateintests – von ihm meistens etwas verstümmelt zitiert, sodass einige Korrekturen (auch beim obigen Zitat) notwendig waren – alle glänzend und so wuchs auch seine Wertschätzung mir gegenüber im Laufe des Abends zusehends. Zumal ich ihm auch meinen Standpunkt zur damaligen Zeit – wenn auch nicht selbst erlebt, so verlor ich doch meinen Vater im Krieg – darlegte und ihm auch die vom Gesetzgeber verbindlich vorgegebenen und im Lehrplan explizit festgelegten Lerninhalte zur Kenntnis brachte. Ich würde also die Zeit des sogenannten „Tausendjährigen Reiches" mit all den damals verübten Gräueln auch in Zukunft im Unterricht nicht unerwähnt lassen, weil dies mein gesetzlicher Lehrauftrag sei. Auf die Eruierung und Nennung ehemals beteiligter Personen würde ich aber verzichten. Dieses Versprechen freute ihn sehr und er tat in der Folge im ganzen Ort kund, welch hochintelligentes und ergiebiges Gespräch er mit dem neuen Schulleiter geführt habe, den er übrigens sehr schätze. Allmählich verschwanden auch alle politischen Ressentiments und Feindseligkeiten zwischen dem nationalen-braunen und bäuerlich-schwarzen Lager im Ort und sogar die von jeher abseits stehende sozialistisch-rote Minderheit fand Anschluss an die Dorfgemeinschaft.

P. S.: Da wir an diesem Abend auch über bäuerliche Belange wie die Massentierhaltung u.a.m. diskutierten, bot er mir beim Auseinandergehen an, ausschließlich für meine Familie – selbstverständlich gegen entsprechende Bezahlung zum gerade aktuellen Schweinepreis – ein zusätzliches Ferkel nach biologischen Gesichtspunkten, also ohne Beifutter, nur mit eigenen Hofprodukten wie Mais, Gerste, Kartoffeln, aber auch frischem Gras zu füttern. Außerdem würden seine wenigen Schweine niemals mit Antibiotika behandelt und wüchsen auf einem gesunden Strohboden auf. In den warmen Monaten dürften sie sogar in den Obstgarten laufen. Unser auf natürliche Art gemästetes Schwein könnten wir dann auch jedes Jahr im Winter bei ihm schlachten.

So war es dann auch einige Jahre, bis wir fortzogen. Dass nach jeder Schlachtung der Sauschädel traditionsgemäß gestohlen und zur Faschingszeit im Schulhaus ein zünftiger Sauschädelball mit unserem Gesangsverein folgte, bot sich förmlich an und war jedes Mal für alle eine Riesengaudi.

Zum traditionellen Gemeinschaftserlebnis mit der Singgemeinschaft gestaltete sich das im Dorfleben schon lange Zeit nicht mehr praktizierte Woazschälen (Woaz, ugs. = Mais). Einer unserer Sänger, ein Landwirt, ließ nach der Ernte mit dem Maisdrescher einen Anhänger voll ungeschälter Maiskolben übrig und kippte diese in seine Garage. Wie es ursprünglich jahrelang üblich war, trafen wir an einem Abend zusammen, setzten uns auf den Maishaufen und entfernten mit der Hand die Linnen. Nach Ende der lustigen Arbeit mit viel Dorfgetratsche gab es eine herzhafte Jause mit Apfelmost, reihum getrunken aus dem Gemeinschaftskrug, und anschließend spielte ein Musikant mit der diatonischen Ziehharmonika (steirische Knöpferlharmonika, ugs.) zum fröhlichen Tanz auf.

Neues Schulunterrichtsgesetz – Erziehungsmittel

In diese Zeit meiner ein Jahrzehnt währenden Tätigkeit an der kleinen Dorfvolksschule fiel auch die allmähliche Umsetzung der novellierten Schulgesetze, vor allem des für Schüler, Eltern und Lehrer maßgeblichen Schulunterrichtsgesetzes (SchUG), aber auch des neuen Schulorganisationsgesetzes(SchOG), welches u. a. auch die allmähliche Auflösung der Volksschuloberstufe mit gleichzeitiger Einführung der zweizügigen Hauptschule beinhaltete.

Abschließend zu den in diesem Kapitel geschilderten Erlebnissen möchte ich das für jede Bildungsepoche relevante und sehr bedeutsame Problem der von den Lehrern praktizierten Erziehungsmaßnahmen bei Verstößen der Schüler gegen die Disziplin und die Schulordnung aufzeigen. Was ich selbst als Betroffener an Strafen über mich ergehen lassen musste, habe ich bereits ausführlich in den vorausgehenden Abschnitten über meine Volksschuljahre, die unmenschlichen, sarkastischen Methoden im Landesschülerheim und auch über die Gepflogenheiten im Gymnasium geschildert. Letztere (Klassenbucheintragungen, Karzer, Ausschluss aus der Schule) waren gesetzlich durch die Schulordnung gedeckt und wurden an allen höheren Schulen exekutiert.

Wie war es nun zu Beginn meiner Berufslaufbahn zehn Jahre nach meiner Volksschulzeit um die Disziplinierungsmaßnahmen der Lehrerschaft an den Pflichtschulen (Volks- und Hauptschulen) bestellt?

Die körperliche Züchtigung war zwar schon lange verboten, wurde aber von den meisten Lehrern noch immer praktiziert und von den Eltern, vor allem auf dem Lande, toleriert. Die berüchtigte Rute –„Birkene Liesl" genannt – hatte zwar schon ausgedient, aber Ohrfeigen, an Haaren und Ohren ziehen, Strafaufgaben und Nachsitzen nach der Unterrichtszeit waren als Erziehungsmittel überall gang und gäbe. Manche Lehrer – vor allem Lehrerinnen und unterrichtende Priester – scheuten die körperliche Züchtigung und schickten die Delinquenten zum Direktor, welcher in seiner Kanzlei unter vier Augen zur Tat schritt. Sehr häufig sah ich die Missetäter – ausschließlich Burschen – in der Hauptpause reihenweise an der Schulhausmauer stehen, das Jausenbrot in der Hand und sich, von der Pausenaufsicht gut bewacht, nicht rührend.

Von sehr zweifelhafter Wirkung für das zukünftige Verhalten der Schüler nach dem Schulaustritt erschien mir das strafweise Einsammeln von verschiedenem Unrat rund um das Schulgebäude. Ob diese so unter Zwang erwirkte Erziehungsmaßnahme von nachhaltigem Erfolg im späteren Leben belohnt sein werde, daran zweifelte ich schon damals. Ich brachte diesen Umstand auch in der nächsten Konferenz zur Sprache, doch wurde ich quasi als pädagogisches Greenhorn belächelt und vom Direktor eingehend dahingehend belehrt, die Kinder nicht mit Glaceehandschuhen anzufassen. Denn es gäbe nicht umsonst bewährte Sprichwörter wie *„Wer nicht hören will, muss fühlen"* oder *„Wer die Kinder liebt, spart nicht mit der Rute"*.

Ich dachte mir meinen Teil und hatte nicht die geringste Absicht, mit diesen Pädagogen zu diskutieren. Leider musste ich einige Jahre später ein einziges Mal selbst erfahren, dass mir die Nerven durchgingen und ich quasi im Affekt drei Schüler so brutal ohrfeigte, dass einem sogar die Nase blutete. Was war geschehen? Ich ging mit den Schülern der damaligen Volksschuloberstufe auf Wandertag und ordnete strikt und mich wiederholend an, dass sich niemand weiter als auf Sicht- und Hörweite von mir entfernen dürfe. Die Handarbeitslehrerin begleitete mich. Es war ein schöner Tag und die Wanderung tat allen gut. Unterwegs spielte ich mit den Buben Fußball und meine weibliche Begleitung mit den Mädchen Völkerball. Alle hielten sich an die Marschregeln, bis kaum eine halbe Stunde vor dem Ziel drei

Burschen voraus liefen und mein Rufen zum Anhalten nicht mehr hörten. Sehen konnte ich sie noch und musste tatenlos mit ansehen, wie sie auf den zum Wanderweg parallel verlaufenden Bahnkörper sprangen und dort von einer Schwelle zur nächsten hüpften. Außerdem bemerkte ich zu meinem Entsetzen in der Ferne den sich nähernden Nachmittagszug.

„Haaalt! Haaalt!", brüllte ich ihnen nach, doch keiner hörte mich. In meiner Verzweiflung lief ich ihnen nach, so schnell mich meine Füße trugen, bis sie endlich mein Schreien hörten und von den Schienen sprangen. Ich hatte sie Gott sei Dank noch rechtzeitig warnen können. Nachdem ich die drei keuchend und wahrscheinlich mehr aus Angst und Panik als durch Anstrengung schwitzend eingeholt hatte, brach es wie aus einem Vulkan aus mir heraus. Ich brüllte sie an, beschimpfte und ohrfeigte sie gleichzeitig so, dass man meine Fingerabdrücke an ihren Wangen erkennen konnte. Schweigend und betroffen setzten wir alle – wir beiden Lehrer und die Schüler – den Rest des Weges bis zur Schule fort. Dort angekommen entließ ich die Kinder und forderte die drei leichtsinnigen Dummköpfe auf, ihren Eltern ja das Erlebnis inklusive der Ohrfeigen zu erzählen. Niemand von den Erziehungsberechtigten warf mir mein Vorgehen vor. Im Gegenteil: Eine Mutter bedankte sich sogar bei mir, dass ich mich so sehr um ihren in großer Gefahr schwebenden Buben bemüht hatte.

Es war das erste und letzte Mal in meiner vierzigjährigen Berufszeit, dass ich einen Schüler körperlich attackieren musste. Psychischen Druck auf Kinder auszuüben war mir sowieso zuwider. Solchen hatte ich als Kind und Schüler zur Genüge an meiner eigenen Seele erlebt.

Das neue SchUG sah jetzt explizit als erlaubtes Erziehungsmittel zum Leidwesen vieler Lehrer nur mehr *Anerkennung, Aufforderung und Zurechtweisung* vor und als unerlaubte Maßnahmen *körperliche Züchtigung, beleidigende Äußerungen und Kollektivstrafen*. Auch das *Versetzen eines Schülers in eine Parallelklasse* wäre möglich gewesen, doch gab und gibt es auch heute vor allem auf dem Lande kaum parallel geführte Klassen, sodass diese Maßnahme nicht für alle Schulen in Betracht kam.

Ausgeschlossen war folgerichtig – weil nicht in der Auflistung der gestatteten Erziehungsmittel angeführt – ebenso das sehr häufig praktizierte Nachsitzenlassen der Schüler nach der planmäßigen Unterrichtszeit. Mit der Schülerfreifahrt fand diese Gepflogenheit ein Ende, da die Kinder rechtzeitig zum Bus kommen mussten. Auch die bei Lehrern beliebten und von den Schülern gehassten schriftlichen Strafarbeiten waren nicht mehr vorgesehen. Die Lehrer hatten aber bald einen Ersatz für diese Art von Freizeitbeschäftigung, und zwar sahen sie in der *„Erteilung von Aufträgen zur nachträglichen Erfüllung versäumter Pflichten"* (Schulordnung 8/lit.b) einen Freibrief für die Bestrafung der Schüler durch Strafaufgaben. Bald wurde auch die Betragensnote in der Volksschule abgeschafft.

Viele Lehrer protestierten gegen das neue Gesetz, da sie nun über keine wirksame Maßnahme bei Disziplinlosigkeit und Nichterfüllung der Pflichten der Schüler mehr verfügten. Auch viele Eltern waren über die neue Gesetzeslage nicht begeistert, wurde doch die Schule immer auch als Erziehungsinstitution für ihre Kinder angesehen, wenn sie selbst nicht in der Lage waren, ihrer Verpflichtung als wichtigste Erziehende gerecht zu werden. So wurden von vielen Eltern die nunmehr nicht mehr gestatteten Erziehungsmittel stillschweigend geduldet, von nicht wenigen aber erwünscht.

„Warte nur, wenn du in die Schule kommst, dann wirst du schon folgen lernen!" Diese Drohung wurde schon den Schulanfängern nicht selten mit auf den Schulweg gegeben, und sehr viele Lehrer sahen darin einen Freibrief für sowohl physische wie auch zunehmend psychische relevante Erziehungsmaßnahmen wie Missachtung und Beschimpfung der Schüler sowie beleidigende Äußerungen und Demütigungen. Körperlich zu züchtigen wagten immer weniger, dafür griffen sie zu den genannten Praktiken von Psychoterror. Immer häufiger waren in letzter Zeit auch unangepasste, nicht dem Ordnungsrahmen oder den „Gesetzen" der mächtigsten Cliquen der Klasse entsprechende Schüler dem Mobbing durch Mitschüler ausgesetzt, und manche Lehrer sahen dabei zu und schritten nicht ein. Sogenannte Außenseiter hatten es zu meiner Schulzeit schon schwer, aber heutzutage sind sie dem psychischen Druck sowohl durch Lehrer als auch durch Mitschüler zunehmend ausgesetzt.

An einer Schule hielt sich ein Lehrer eine starke, stämmige Schülerin, welche die übrigen in Schach hielt. Verhielt sich vor allem ein Bub unbotmäßig, konnte es schon sein, dass er mit Wissen des Lehrers von ihr gezüchtigt wurde.

25 Jahre Schulleiter an einer Kleinstadtvolksschule

Parteipolitisches Gerangel um die Leitung der Schule

Schulleiterposten – weil schulfeste Stellen, von welchen man gegen den eigenen Willen ohne schwerwiegende Dienstrechtsverletzungen nicht mehr versetzt werden konnte – wurden in allen Bundesländern ausschließlich parteipolitisch besetzt. Ohne Parteibuch ging nichts, aber schon gar nichts. Auch ich war Mitglied des Lehrerbundes der konservativen rechten Partei, und das damals aus tiefer Überzeugung. In meinem Bezirk standen auf Grund der Proporzvereinbarungen den Rechten 22 Pflichtschulen und lediglich eine den sozialistischen Linken zu. Wegen der Zusammenlegung zweier Schulen verloren die Sozialdemokraten die ihnen seit jeher zustehende Schulleitung in der Bezirkshauptstadt, sodass von der Parteiführung Anspruch auf die durch Pensionierung des Direktors verwaiste Leiterstelle einer Kleinstadt erhoben wurde. Der amtierende „schwarze" Bürgermeister weigerte sich jedoch vehement, einen „roten" Schulleiter in seiner Stadt zu akzeptieren, und drohte sogar mit seinem Rücktritt im Falle einer für ihn nicht annehmbaren Besetzung. Lediglich ein rechter Bürgermeister im Bezirk wollte für seine Gemeindeschule einen sozialdemokratischen Direktor – und das nur widerwillig – aufnehmen, und zwar das Gemeindeoberhaupt der Schule, welche ich leitete und welche nur dann frei wurde, wenn ich die ausgeschriebene Leiterstelle in der Kleinstadt erhielt. Er tat dies auch nur mir zuliebe, da ich ihm, wie schon im vorherigen Kapitel geschildert, gut ein Jahrzehnt in vielen Belangen zur Seite stand und ihn politisch in der Gemeinde unterstützte, wo es nur möglich war. Ich bat ihn, den von allen Bürgermeistern des Bezirkes abgelehnten Bewerber anzunehmen, damit mir die Leitung der zur Besetzung ausgeschriebenen Stadtschule zugesprochen würde. Außerdem lag die Stadt unweit meines Heimatortes, wo ich bereits mein elterliches Wohnhaus für meine Familie adaptiert hatte und welcher auch Teil meiner Heimatpfarre war. Dort hatte ich mich schon vorher immer wieder in das Pfarrgeschehen eingebracht. Auch durch den Sportverein, bei dem ich einige Jahre Fußball und Tennis spielte, hatte ich bei Teilen der Bevölkerung viele Befürworter, denn ich kannte viele Gleichaltrige und deren Kinder waren gerade im Pflichtschulalter. So hatte ich auch die Unterstützung eines Großteils der Eltern und mir wurde sogar gegen die Konkurrenz älterer Bewerber auch aus dem eigenen Parteilager die Schulleitung von der Landesregierung – es suchten insgesamt fünf Lehrer um den begehrten Posten an – verliehen. Maßgebend für meinen Erfolg waren aber auch die langjährige Mitgliedschaft in der Landesarbeitsgemeinschaft für Grundschulmathematik und daraus resultierend die Leitung von Arbeitsgemeinschaften im Bezirk sowie die Vorträge und Referate anlässlich dieser Veranstaltungen im Rahmen der Lehrerfortbildung.

Ein wenig erfreulicher Start

Leider verließ ich wegen eines vermeintlichen, jedoch zweifelhaften Karrieresprunges und zum Leidwesen meiner ganzen Familie sowie der gesamten Bevölkerung der eingeschulten Dörfer die mir so vertraute Landschule. Ich übernahm die Leitung einer größeren Schule in einer Kleinstadt und meine Frau folgte mir nach einem Jahr nach. Könnte ich das Rad der Zeit zurückdrehen, würde ich diesen Schritt nicht mehr tun.

Obwohl ich an diesem neuen Dienstort 25 Jahre lang bis zur Pensionierung engagiert tätig und auch meine Frau dort eine beliebte Lehrerin war, entstand keine so herzliche und intime Beziehung mehr zur Bevölkerung, wie ich sie in meiner kleinen Schule in ländlicher Atmosphäre erlebt hatte.

Ich wohnte nicht mehr im Schulort, sang aber im Stadtchor mit, den meine Frau später auch ein Jahrzehnt lang leitete. Außerdem mimte ich länger als zehn Jahre den Nikolaus anlässlich seines alljährlichen festlichen Einzuges in die Stadt. In einer offenen, von zwei Pferden gezogenen Kutsche stehend zog ich, begleitet von einem Dutzend Krampussen mit kunstvoll geschnitzten Holzmasken, unter Trompetenklängen auf den festlich beleuchteten Hauptplatz ein, wo bereits eine große Menschenmenge meiner harrte. Vor allem die Kinder konnten den Nikolaus kaum erwarten. Das bereitete mir großen Spaß. Besonders die leuchtenden Augen der Kleinkinder erweckten in mir ein Gefühl der Rührung und Freude zugleich.

Nur wenige Lehrer meiner Schule – in den vielen anderen Schulen der Stadt waren es noch weniger – engagierten sich in der Öffentlichkeit. Die Zahl der sogenannten „Auspufflehrer" (Lehrer, welche auf Grund der fortschreitenden Motorisierung den Schulort unmittelbar nach dem Unterricht wieder verließen) nahm von Jahr zu Jahr zu. Sie machten ihren Job gemäß dem Stundenplan und waren am Nachmittag nur zu den verpflichtend vorgesehenen monatlichen Konferenzen in der Schule anwesend. Außerhalb dieser Zeiten waren sie im Schulhaus und bei öffentlichen Veranstaltungen der Stadt kaum zu sehen.

Schon der Start in meinen neuen Tätigkeitsbereich war nicht sehr verheißungsvoll und für mich sehr enttäuschend. Viele Anzeichen sprachen dafür, dass ich bei den älteren eingesessenen Lehrerinnen nicht unbedingt erwünscht war. Ich war, obwohl ich aus meiner Fußballzeit beim dortigen Verein unter den nunmehrigen Vätern der Schüler und Schülerinnen viele gute Freunde hatte, den sogenannten Stadtbürgern kaum bekannt, da ich ja aus der Provinz stammte und auch dort wohnte. Die sozialen Strukturen der Stadt waren aber bereits in der Auflösung begriffen:

Das gestandene, angesehene, aber auch überhebliche Bürgertum – zur Zeit des Dritten Reiches zum Großteil nationalsozialistisch orientiert, wie auch einer meiner Vorgänger als Schulleiter, der auch zugleich Bürgermeister war – verarmte allmählich und verlor an Reputation und Bedeutung. Es war eine gut gebildete, breite Mittelschicht entstanden, welche im öffentlichen Leben der Stadt immer größeren Einfluss nahm. Bis vor wenigen Jahren wäre ein aus einem Bauerndorf kommender und dort auch wohnender Lehrer als Leiter einer der Stadtschulen undenkbar gewesen. So gestaltete sich der Beginn meiner Arbeit an der neuen Schule nicht gerade erfreulich und motivierend.

Meine interimistische Vorgängerin – eine eingesessene ältere Lehrerin bürgerlicher Herkunft – sagte alle fixierten Übergabetermine der schriftlichen Amtsunterlagen kurzfristig ab und ließ mir per Post lediglich einen inhaltlich fehlerhaften Stundenplan mit einer Lehrerliste zukommen. Weder eine schriftliche Bemerkung noch ein Grußwort oder sonstige Wünsche, obwohl immerhin Weihnachtszeit war und ein neues Jahr vor der Tür stand, waren angeschlossen. Sie ließ sich in der Schule nie mehr blicken, obwohl es ihre Pflicht gewesen wäre, mir die Schulleitungsakten und die Schlüssel ordnungsgemäß zu übergeben und darüber ein einvernehmliches Protokoll zu verfassen.

Auf das Geratewohl fuhr ich gleich am ersten Tag nach dem Neujahrstag – es waren ja noch Ferien – in meine neue Dienststelle, in der Hoffnung, dass wenigstens der Schulwart am Vormittag dort anwesend sein werde. Ich hatte mich nicht getäuscht: Ein kleiner, hagerer Mann, den ich vorher noch nie gesehen hatte, kam mir entgegen. Wahrscheinlich hatte er schon auf mich gewartet. Jedenfalls begrüßte er mich überaus höflich, führte mich in einen nicht allzu großen Raum, der sowohl mir als Direktionskanzlei als auch allen Lehrern als jederzeit zugänglicher Aufenthaltsraum diente. Als er mir einen Bund mit zahlreichen Schlüsseln – manche schon verrostet und bereits ohne Funktion – überreichte und dabei etwas näher kam, roch ich aus seinem Mund bereits eine deutliche Alkoholfahne. Dieser Geruch sollte mir in den nächsten Jahren noch öfter entgegenströmen, häufig schon in der Früh. Auf meinen Wunsch hin machten wir eine Schulhausbesichtigung und mein Schulwart zeigte mir alle Klassen- und Nebenräume und auch die Toilettenanlagen. Meine Enttäuschung ob des katastrophal schlechten Zustandes des gesamten Gebäudes und auch der Einrichtung war so groß, dass ich am liebsten in meine kleine heimelige Landschule zurückgekehrt wäre.

Schon bei meiner Ankunft bemerkte ich den desolaten Zustand der Außenfassade, und dass sich ausnahmslos jeder Balkenflügel in Schieflage befand. Desgleichen alle Türen im Haus: Die Angeln waren durch morsches Holz fast alle locker und zwischen Türstock und -blatt klaffte ein mehrere Zentimeter breiter Spalt, durch den ich in die Klassenzimmer sehen konnte. In das Stiegenhaus fiel durch kleine Fensteröffnungen nur spärliches Licht und die matt leuchtenden alten Kugellampen spendeten wenig Helligkeit. Dieselben Leuchtkörper fand ich auch in allen Räumen des Schulhauses vor. Außerdem konnte ich nirgends eine vorschriftsmäßig geerdete Schuko-Steckdose finden. Die alten, schwarz gestrichenen Tafeln waren fest in der Wand verankert und daher weder auf- noch abwärts zu verschieben. Mit einem metallischen Untergrund, an dem durch Magnetstreifen versehene Lehrmittel haften konnten, wie ich ihn an den Tafeln in meiner kleinen Landschule bereits hatte anbringen lassen, war keine einzige Schreibfläche versehen. Ausnahmslos war noch veraltetes, Staub entwickelndes und schon sehr schlecht haftendes Tuchtafelmaterial vorhanden. In allen Klosetts stank es. Vor allem die Bubenklos machten einen unhygienischen und unappetitlichen Eindruck, denn es gab noch keine Pissoirmuscheln, sondern nur mit schwarzem Bitumen gestrichene Rinnen und ebenso präparierte Wände. Einzig die Fußböden in den Klassen schienen vor nicht allzu langer Zeit erneuert worden zu sein. Es war mir gleich bewusst, dass zur gründlichen Renovierung des Gebäudes sehr viel Organisationsarbeit auf mich zukommen würde. Vor allem die Sanitäranlagen mit den alten Leitungsrohren und Abflüssen und auch die Heizung sollten mir noch öfter Sorgen bereiten.

Nachdem mich der Schulwart mit dem Schulhaus und dessen Ausstattung so einigermaßen vertraut gemacht hatte, begann ich als Erstes, mich in der vom vorherigen Leiter praktizierten Verwaltung zu orientieren. Dazu nützte ich die sechs Tage bis zu Beginn des Unterrichts nach den Weihnachtsferien. Diese Arbeitszeit hatte ich auch bitter nötig, denn so antiquiert, unübersichtlich und umständlich hätte ich mir eine Schulverwaltung im Traum nicht vorstellen können. Obwohl ein von Amtswegen offiziell gestaltetes Schulaktensystem vorhanden war, wurde es nicht benützt. Die amtlichen Schriftstücke steckten allesamt zwischen Doppelbögen alter Zeitungen, welche am oberen Rand nummeriert und dort auch inhaltlich beschrieben waren. Gesammelt wurde alles, weggeworfen nichts, sodass die Schreibtischläden von nicht mehr benutzbarem Unrat überquollen. In alten kleinen Schachteln und sogar verdreckten Zahnputzbechern waren Bleistift- und Farbstiftstummel, Gummiringe, speckige Radiergummireste, verrostete Büroklammern, verbogene Stecknadeln, ausgetrocknete Stempelfarben sowie leere Tintengläser und ausgequetschte Klebstofftuben, kurz und gut, massenweise unbrauchbares Büromaterial deponiert. Schon beim Betreten des für alle Lehrer benutzbaren und auch dem Schulleiter zur Verfügung stehenden viel zu kleinen Konferenzzimmers strömte mir ein miefiger, modriger Geruch entgegen. Dieser stammte wahrscheinlich auch von den graubraunen Wänden, welche anscheinend schon Jahre lang nicht mehr gefärbelt und somit aufgefrischt worden waren.

Bevor ich mit meiner Büroarbeit begann, hielt ich den Schulwart an, den Raum mitsamt den uralten Einrichtungsgegenständen gründlich zu reinigen. Dazu ließ ich ihn in der damals noch bestehenden Drogerie entsprechende notwendige Reinigungsmittel, aber auch frische Putztücher besorgen, denn die vorhandenen waren bereits eine überlange Zeit in Gebrauch und daher unhygienisch verdreckt. Sie stanken schon entsprechend ekelerregend muffig. Nach Rücksprache mit dem zuständigen Finanzbeamten des Gemeindeamtes erneuerte ich fast alle Reinigungsgeräte und kaufte auch einen leistungsstarken Staubsauger. Da es an der Schule noch keinen gab, musste ich den Schulwart erst in den Gebrauch dieses Gerätes einschulen.

Nach dieser arbeitsintensiven Ferienwoche – auch meinen nicht sehr arbeitsfreudigen Adlatus schonte ich nicht und ein zusätzlich angeheuerter Putztrupp von drei Frauen säuberte das gesamte Schulgebäude – war vieles, aber bei Weitem nicht alles zu meiner Zufriedenheit gereinigt und in Ordnung gebracht.

Am ersten Unterrichtstag nach den Weihnachtsferien war ich schon frühzeitig in der Schule und lernte auch alle hier tätigen Lehrer kennen, welche nach und nach eintrudelten und von denen ich einige schon kannte. Zwei der Lehrerinnen hatten ihr Landschulpraktikum bei mir in der kleinen Landschule absolviert, über welche ich bereits ausführlich berichtet habe. Bei ihren ersten beruflichen Gehversuchen dort konnte ich bereits einen sehr positiven Eindruck von ihnen gewinnen und lernte sie als für den Lehrberuf geradezu prädestinierte Lehramtskandidatinnen schätzen. Ich war sehr froh, dass ich diese beiden fleißigen und gewissenhaften Frauen jetzt zu meinem Lehrerteam zählen konnte.

Nachdem ich mich vorgestellt hatte, hielt ich allen vor Augen, dass wir als ziemlich gleichaltrig und hier ansässig mindestens das nächste Vierteljahrhundert gemeinsam an dieser Arbeitsstelle wirken würden. Diese von allen noch nicht bedachte Zukunftsperspektive erweckte in manchen sichtlich eine gewisse Unsicherheit und nicht gerade überschäumende Freude. Ich war, so schien es mir jedenfalls, nicht von allen herbeigesehnt. Schließlich gab es um die begehrte Leiterstelle immerhin noch vier zusätzliche Mitbewerber, und diese hatten an der Schule auch ihre Anhänger und Befürworter.

Zu meiner Enttäuschung wurde mir die Ernennung zum Leiter dieser Schule vor allem von einigen Berufskollegen missgönnt. Allen voran ließ die bereits erwähnte provisorische Übergangsleiterin keine Gelegenheit aus, meine Arbeit und auch mich persönlich zu desavouieren.

So stieß sie sich daran, dass ich an der alljährlichen festlichen Fronleichnamsprozession nicht teilnahm. Anlässlich dieses hohen Feiertages marschierten dem Baldachin viele – aber bei Weitem nicht alle – Gemeindepolitiker, Ämterleiter, Vereine und auch die immer weniger werdenden Vertreter der Bürgerschaft voraus. Selbstverständlich waren die Erstkommunionkinder damals noch traditionsgemäß vollzählig dabei: die Mädchen in ihren weißen Kleidern und mit geflochtenen Blumenkränzen auf dem Kopf. Die Zahl der Kinder und auch Erwachsenen, welche sich an diesem feierlichen Umzug beteiligten, schrumpfte Jahr für Jahr. Ich mied diese Prozession nicht aus religiös bedingter Ablehnung, sondern weil ich als Mitglied einer Tennismannschaft wegen der zu dieser Jahreszeit regelmäßig stattfindenden Meisterschaft unabkömmlich war.

Ein eigenes Kapitel, welches bei einigen Pensionisten für üble Nachrede und Protest sorgte, war die Umgestaltung des großen Schulgartens, welche ich gleich im ersten Dienstjahr in Angriff nahm. Von dem ca. 6000 m² großen Areal war ein beträchtlicher Teil Obst- und Gemüsegarten und diente meinem Vorgänger – es war übrigens derselbe Direktor, welcher ehedem die von mir als Schüler besuchte Grundschule geleitet hatte – sowie einigen älteren Hobbygärtnern als Nebenbeschäftigung und auch willkommene Einnahmequelle. Schulen mit großen Gemüse- und Obstgärten waren eben noch Jahrzehnte nach dem Krieg überaus begehrt. Die Frau dieses Schulleiters lieferte übrigens das geerntete Obst und Gemüse zum Verkauf an die ansässigen Lebensmittelgeschäfte. Ob sie den Garten weiter benützen dürfe, wurde ich nie gefragt. Auch die Nüsse, welche der große, kühlen Schatten spendende Nussbaum im Schulhof alljährlich trug, wurden in aller Früh ohne mein Wissen und meine Erlaubnis aus dem Garten geholt.

Die Rasenflächen waren von Blumenbeeten und Spalierobstreihen umrahmt und durften von Schülern nicht betreten werden, sodass das Bewegungsfeld der Kinder während der Pausen auf einige wenige Quadratmeter asphaltierte Zufahrtsflächen reduziert war. Interessant für mich waren die noch seit dem Zweiten Weltkrieg bestehenden Schutzanlagen: der betonierte Splittergraben und ein aus massivem Stahlbeton errichteter und unter den Gemüsegärten verlaufender Bunker, der einen kleinen Hügel mitten im

Schulgarten bildete. Den beging ich nach gründlicher Reinigung durch den Schulwart später mit den Schülern der dritten Klassen regelmäßig im Rahmen des Sachunterrichts, was für die Kinder jedes Mal ein spannendes Erlebnis bedeutete. Diese Wehranlage blieb auf mein Drängen hin beim Bau des neuen Turnsaales als historisches Bauwerk erhalten. Den großen Gemüsegarten mit den schon alten Spalierobstreihen und überwuchernden Ribiselsträuchern, deren Früchte niemand mehr ernten wollte, ließ ich bald zum Leidwesen und auch Unverständnis der Benutzer zu einer Rasen- und damit erweiterten Bewegungsfläche für die Schulkinder umgestalten. Diese waren darüber sehr erfreut und konnten nun nach Lust und Laune umherlaufen und sich austoben. Ich legte keinen Wert auf eigene Bewirtschaftung des großen Gartens, da ich zu Hause selbst einen zu bearbeiten hatte. Lediglich die Obstbäume der alten Apfelsorten „Kronprinz Rudolf" und „Klarapfel" ließ ich stehen. Die Äpfel ernteten der Schulwart und ich, und auch die Nachbarn durften sich bedienen. Einige wenige Beete blieben als Schullehrgarten übrig.

Auch zwei riesige alte Rosskastanienbäume mussten fallen, da ihre ausladenden Baumkronen so viel Schatten warfen, dass darunter kein Gras wachsen konnte. Außerdem waren die Stämme, wie sich herausstellen sollte, innen bereits hohl und hätten möglicherweise dem nächsten stärkeren Sturm nicht mehr standgehalten. Welch große Gefahr sie für die Sicherheit der Kinder bereits bedeuteten, wurde mir nach deren Entfernung bewusst.

Dass diese Maßnahmen vor allem bei den vielen pensionierten Lehrern, die es in der Stadt gab, aber auch bei einigen grünen Aktivisten wenig Begeisterung hervorriefen und ich daher nicht selten der öffentlichen Kritik ausgesetzt war, störte mich aber nicht.

Bemerkungen zum Religionsunterricht

Die bereits erwähnte Kritik meiner Vorgängerin, dass ich an der traditionellen Fronleichnamsprozession nicht teilgenommen hätte, bietet die Gelegenheit, ein kurzes Kapitel dem Religionsunterricht und dem der Kirche zum Nachteil gereichenden Wandel dieses auf dem Lande faktischen Pflichtfaches in den letzten etwa drei Jahrzehnten zu widmen. In diese Betrachtung sickern sicherlich auch emotionale Aspekte und Beweggründe meinerseits ein, da ich als doch gläubiger und praktizierender Christ eine sukzessive Abkehr der Menschen auch im ländlichen Raum von religiösen Werten und Hinwendung zu materiellen Lebensinhalten feststellen musste. Christ sein bedeutet heutzutage auch auf dem Lande vor allem bei der jüngeren Generation nicht viel mehr als gerade noch traditionelles Dazugehören, die widerwillige Entrichtung der Kirchensteuer sowie die Teilnahme an schon eher brauchtümlichen als religiös implizierten Familienfesten im Kirchenjahr. Ich meine im Speziellen den Empfang der Sakramente Taufe und Firmung oder – allerdings immer weniger werdend – die kirchliche Trauung. Von den Schülern und Schülerinnen, welche ich auf die Firmung vorbereitete, sah ich später kaum mehr jemanden bei einem Gottesdienst.

Spontan fiel mir dazu ein, was schon der dänische Philosoph Sören Kierkegaard (1813–1855) in seinen kritischen Äußerungen ausdrückte. Er sieht zwar ein Christentum, vermisst aber die Christen im Sinne christlichen Denkens und Handelns. Weiters kritisierte er schon vor fast zweihundert Jahren die *„laue, bürgerliche und äußerliche Kirchlichkeit, in der brave Bürger ohne die mindeste innere Bewegung durch Firmung (in der evangelischen Kirche etwa die Konfirmation) und Trauung durchgehen"*. (Störig, Kleine Weltgeschichte der Philosophie, Fischer 1987)

Einer der Gründe der heutigen Zustände in der Kirche – wenn auch wahrscheinlich nur ein marginaler – ist sicherlich auch in den personellen Veränderungen im unterrichtenden Personenkreis zu sehen. In den ersten Jahren meiner Dienstzeit lehrten fast ausschließlich Priester das Fach Religion in nahezu allen Schultypen. Am längsten wohl in den Pflichtschulen. Da sich ein akuter Priestermangel abzuzeichnen begann, wurden in neu geschaffenen Akademien für Religionspädagogik Laienreligionslehrer – in der Mehrzahl Frauen – ausgebildet, welche schon nach einigen Jahren die Priester in den Volks- und Hauptschulen ersetzen sollten. Mit dieser personalbedingten Verweltlichung des Religionsunterrichtes, neuer Zielsetzungen und Unterrichtsmethoden sowie folglich der Aufhebung der Personalunion von Priestern und Lehrern ergab sich in zwingender Weise eine andere Art von Verbindung zwischen Lehrenden und Lernenden, aber auch im Kontakt zu den Eltern.

Wurden zu meiner Pflichtschulzeit vornehmlich Geschichten aus dem Alten und Neuen Testament, die wichtigsten Kirchengebete, kirchliche Gebote und Verbote vermittelt und gemeinsam mit den Schülern die liturgischen Ereignisse während des Kirchenjahres gefeiert und erlebt, so wurde der Religionsunterricht zunehmend von einem durch religiöse Inhalte erweiterten Ethikunterricht abgelöst. Das Mysterium des Glaubens verlor dadurch an Bedeutung und vor allem an Kraft, was meines Erachtens auch ein Grund für die immer größer werdende Absenz von Schülern und Eltern bei den sonn- und feiertäglichen Gottesdiensten ist. Die Person, welche mit den Kindern die heiligen Sakramente feierte bzw. sie ihnen spendete, war nun nicht mehr dieselbe, welche in der Schule bestrebt war, die Geheimnisse des Glaubens zu vermitteln. Die Verbundenheit zwischen Priestern und Schülern war nicht mehr in wünschenswertem Umfang gegeben und nicht wenige Schulkinder kannten dadurch den örtlichen Pfarrer und auch den damals noch der Pfarre zugeteilten Kaplan gar nicht persönlich, denn sie hatten kaum Gelegenheit, mit ihnen von Angesicht zu Angesicht zu kommunizieren. Dieser Eindruck wurde mir immer wieder bestätigt, wenn ich die Firmkandidaten, welche ich auf die Firmung vorbereitete, nach ihrer persönlichen Beziehung zum Pfarrer oder Kaplan fragte. Zudem litt die Zusammenarbeit zwischen Klassenlehrern und Religionslehrer, da erstere kaum in den religiösen Lernprozess –

ausgenommen vielleicht die gelegentliche Mithilfe bei der Vorbereitung zur Erstkommunion – mit eingebunden wurden.

Ein Beispiel möge dies verdeutlichen: Wenn ich in einer dritten Klasse unterrichtete, besuchte ich mit meinen Schülern im Rahmen des Sachunterrichtes das Gemeindeamt im wunderschönen Rathaus aus der Renaissancezeit. Im Vorraum zeigen alte Steinreliefs leicht erkennbar Themen aus dem Alten Testament wie den zur Salzsäule erstarrten Lot mit dem brennenden Jerusalem im Hintergrund, den Turmbau zu Babel, Jonas mit dem Wal, Daniel in der Löwengrube u. a. m. Niemals konnte ich erleben, dass auch nur ein Schüler römisch-katholischer Konfessionszugehörigkeit den biblischen Inhalt eines Bildes erkennen und erzählen konnte. Lediglich die Kinder, deren Eltern sich zu den Zeugen Jehovas bekannten, wussten genauestens Bescheid.

Nachdem ich die zuständige Religionslehrerin auf diesen Umstand aufmerksam gemacht und eine Koordinierung der Lerninhalte angeregt hatte, erklärte sie mir schnippisch, sie sei laut Jahresplanung gerade mit einem anderen Thema beschäftigt und eine Abweichung davon käme für sie nicht in Frage.

Ein weiteres Manko war das gemeinsame Singen religiöser Lieder. Als noch der Kaplan unterrichtete, wurden von ihm mit den Schülern die leicht singbaren Lieder aus dem allgemeinen Kirchengebets- und Messliederbuch „Gotteslob" einstudiert, welche alle Klassenlehrer aber auch die meisten Eltern und Großeltern singen konnten. So waren Schüler – außer jenen der ersten Klasse – und Lehrer imstande, die Schulgottesdienste gemeinsam zu gestalten, während der Priester die Messe zelebrierte. Von den nun unterrichtenden weltlichen Religionslehrerinnen – Männer waren niemals an der Schule, außerdem war das unterrichtende Personal vollkommen verweiblicht – wurden die Lieder im offiziellen Singbuch schlichtweg ignoriert und ausschließlich die sogenannten *rhythmischen* gesungen. Da die meisten Kinder die Lieder auch nicht kannten, weil jedes Jahr zur Erstkommunion in den zweiten Klassen neue eingelernt und die bereits gelernten kaum wiederholt wurden, sang vor allem die Lehrerin lautstark alle übertönend und schlug auf der Gitarre die Akkorde dazu. War also schon eine Koordinierung des religiösen Liedgutes innerhalb einer Schule nicht durchführbar, so war ein gemeinsames Singen der Eltern zu Hause mit ihren Kindern schier unmöglich. Meinen Vorschlag in einer Konferenz, wir alle – Lehrer und Schüler der Schule – sollten doch mit ihr ein gemeinsames Liedgut von ca. zehn dieser zeitgenössischen Messlieder erarbeiten, ignorierte sie geflissentlich.

Ich mischte mich in der Folge auch nie mehr in den Unterricht der Religionslehrerinnen ein, da mir außerdem lediglich die Überwachung der Einhaltung schulgesetzlicher Vorschriften wie die Erfüllung der Aufsichtspflicht und die Anwendung der im Gesetz vorgesehenen Erziehungsmittel oblagen. Um den Religionsunterricht sollte sich der Ortspfarrer kümmern, tat es aber nicht, sodass es in den Lerninhalten kaum einmal zu einer Zusammenarbeit zwischen Klassenlehrern und der Religionslehrerinnen kam.

Erste interessierte Hinwendung zur Philosophie, daraus resultierende Reflexion meiner Unterrichtstätigkeit in den anfänglichen Berufsjahren sowie erste Versuche alternativer Unterrichtsgestaltung

Zu diesem Kapitel sind einige Vorbemerkungen vonnöten. Im Rahmen der obligaten Tagungen aller Pflichtschulleiter referierte der neue Bezirksschulinspektor (in Deutschland „Schulrat" genannt) einleitend immer über ein philosophisch relevantes Thema, u. a. auch über Herbert Marcuse und dessen Ruf nach „totalem Protest" und der „großen Weigerung". Diese und andere radikale linke Ideen waren maßgebliche Initialzündungen der revolutionären 68-Bewegung. Auch die von Max Horkheimer und Jürgen Habermas, wie Herbert Marcuse Mitbegründer der sogenannten *Frank-*

furter Schule, verfassten Programmschriften propagierten die Aufhebung des „gesellschaftlichen Unrechts". Die Anführer der studentischen Unruhen beriefen sich auf die genannten Philosophen, zu denen auch noch Theodor W. Adorno gehörte. Die aus der „Kritischen Theorie" (… der Gesellschaft) von radikalen Gruppen abgeleitete und darauf folgende tragische revolutionäre Praxis – es wurden Vertreter des gesellschaftlichen Establishments kaltblütig ermordet – wurde von keinem der erwähnten Vordenker gebilligt. (Störig, Hans Joachim, Kleine Weltgeschichte der Philosophie, 1987, 631ff.) Lediglich Marcuse legitimierte die Anwendung von Gewalt gegenüber der Obrigkeit als Befreiungsakt bei fortwährender Unterdrückung.

Dieser erste Funke philosophischen Denkens entzündete in mir ein Flächenfeuer. Fördernd war noch der glückliche Umstand, dass mein ältester Sohn neben Mathematik als erstes Lehramtsfach noch Philosophie, Psychologie und Pädagogik studierte. Fortan besuchte ich mit ihm zusammen vier Semester lang alle Vorlesungen in Philosophie, soweit diese an Nachmittagen und Abenden stattfanden, was auch überwiegend der Fall war. Wenn er mit mir danach auf ein Bier in ein Gasthaus in Universitätsnähe einkehrte und wir anschließend gemeinsam nach Hause fuhren, diskutierten wir ausgiebig das auf der Hochschule Gehörte.

Besonders hellhörig wurde ich bei den Vorlesungen, wenn es um Erkenntnistheorien ging, da ich als Volksschullehrer aus den Vorträgen auch etwas für die Unterrichtspraxis mitnehmen wollte.

Wir lernten in unserer Ausbildung zum Volksschullehrer ausschließlich induktiv. Die Induktion als wissenschaftliche Methode, welche vom Einzelnen auf das Allgemeine schließt, war für unseren Pädagogikprofessor in Anlehnung an Konrad Meister das unumstößliche Kredo eines zielführenden Lernens. Deswegen stand er auch felsenfest auf Seiten der Vertreter des synthetischen Erstleseunterrichts – Zusammenfügung von Einzelteilen zu einem Ganzen – und somit auch im Gegensatz zur von einigen sich fortschrittlich nennenden Übungsschullehrern bevorzugten und mit Zähnen und Klauen verteidigten ganzheitlichen Leselernmethode, welche in der zweiten Hälfte des 20. Jahrhunderts „in" war.

Auch ich war überzeugter Vertreter des induktiven Lernens und unterrichtete auch dementsprechend. Vor allem um dem im Lehrplan verankerten didaktischen Grundsatz der „Anschauung" gerecht zu werden und unter penibler Beachtung der Formalstufen, wie sie verschiedene berufene Mustermethodiker in ihren Methodikbüchern oder diversen einschlägigen Zeitschriften immer wieder veröffentlichten. Inhaltlich gab es zwischen den diversen Theorien allerdings nur marginale Differenzen; sie unterschieden sich quasi lediglich in der verwendeten Terminologie.

„*Alles möglichst allen Sinnen*" (John Locke, 1632–1704) war die unumstößliche Maxime eines erfolgreichen Unterrichts. Der englische Philosoph John Locke war wohl der Hauptvertreter des bis heute überwiegend gepflegten Empirismus, welcher als Quelle jedweder Erkenntnis nur die Sinneserfahrung, also die Beobachtung und das Experiment, gelten lässt.

Die Qualität unseres Unterrichtes wurde an der Quantität des angeschleppten, alle Sinne der Schüler ansprechenden Anschauungsmaterials bewertet. Dazu gehörten sowohl die natürlichen (Blumen, Früchte, Kleintiere etc.), aber auch alle im blühenden Lehrmittelhandel erhältlichen Hilfsmittel wie Bilder, Exponate, Tabellen usw. Da als weiteres Gebot auch das ganzheitliche Unterrichtsprinzip galt und noch immer gilt, trug ein mir bekannter Lehrer für den Mathematikunterricht sogar einen Zentner Kohle (100 kg in Österreich, 50 kg in Deutschland) in Säcken in die Klasse, als er im Rahmen des Wochenthemas „Der Winter ist da" die Gewichtsmaße lehrte. Außerdem wollte er auch dem didaktischen Grundsatz der Anschauung gerecht werden. Drei je etwa 30 kg wiegende Schüler auf eine Personenwaage gestellt hätte das vorgesehene Lernziel ebenso erreicht. Eine Lehrerin musste bei einem Lehrauftritt im Rahmen des Themas „Allerheiligen" gymnastische Übungen im Turnunterricht in Erfüllung des Ganzheitsprinzips verbal folgendermaßen einleiten:

„Jetzt bücken wir uns und zünden eine Kerze an." Oder: „Wir knien nieder und beten für die Verstorbenen." Darauf folgend: „Wir stehen auf, putzen mit den Händen die Knie ab und schütteln die Beine aus." Das Balancieren über die Unterseite der Langbank wurde mit der Aufforderung eingeleitet: „Wir gehen vorsichtig über die Grabumrandung und versuchen, nicht auf das frisch bepflanzte Beet zu treten." Ich war nie bereit, solchen Unsinn mitzumachen, weder während der Ausbildung noch später im Berufsleben. Ich erwähnte diese Beispiele auch nur deshalb, um zu demonstrieren, welche Auswüchse methodische Praktiken damals angenommen hatten, induziert durch eine Ausbildung, die kaum Individualität und Kreativität in der Unterrichtsgestaltung zuließ. Auch die Beurteilung der Lehrer durch die traditionell ebenso ausgebildeten Schulleiter und Schulaufsichtsorgane fußte auf den genannten Maximen und wurde durch diese begründet. Die Induktion als Unterrichtsform in Verbindung mit den gesetzlich verankerten didaktischen Grundsätzen und später noch zusätzlich eingeführten fächerübergreifenden Unterrichtsprinzipien wie Medienerziehung, Literaturerziehung, Sexualerziehung, Gesundheitserziehung etc. war unumstrittene Unterrichtspraxis und ist auch heute noch Usus, vor allem in den zur Matura führenden höheren Schulen.

Die meisten Lehrer – in den höheren Schulen sowohl als pragmatisierte als auch als Vertragslehrer mit dem Titel „Professor" angesprochen – unterrichteten in meiner Schulzeit und tun dies auch heute noch großteils im vortragenden Frontalunterricht. Dabei lesen sie oft nur aus Manuskripten oder Büchern vor und erklären hin und wieder Sachverhalte. Eruiert wird dann das (Nicht-)Wissen und (Nicht-)Können der Schüler durch mündliche Prüfungen, Tests und Schularbeiten. Dass noch andere Formen der Leistungsfeststellung wie die Mitarbeit der Schüler und das Einbringen eigener Ideen in den Unterricht gesetzlich vorgeschrieben sind, wird von kaum einem Lehrer in der Beurteilung berücksichtigt, da das Diktat der quantitativen Stoffvermittlung die gesamte Unterrichtszeit in Anspruch nimmt. Für die Wiederholung und Festigung bleibt kaum noch Zeit übrig. Das müssen die Schüler neben den schriftlichen Hausübungen selbst erledigen. Dabei setzen vor allem Pflichtschullehrer sehr häufig die Mithilfe der Eltern in fachlicher Hinsicht voraus und erwarten sogar methodische Kenntnisse. Dass beide Elternteile oder Alleinerziehende oft aus beruflichen Gründen zeitlich überfordert sein könnten, wird nicht selten ignoriert. Die Induktion als Lernform begünstigt diese Praktiken; vor allem den bequemeren Frontalunterricht.

Wenden wir uns wieder den Lehrformen und Methoden des Lernens zu: Ich wurde in der Schule ausschließlich induktiv unterrichtet, wobei im wirklichen Leben, wie ich später laufend erfahren sollte, wirklich verstehendes, nachhaltiges Lernen überwiegend deduktiv erfolgt. Doch dies wurde mir erst bewusst, als ich mich – durch das Interesse an der Philosophie angeregt – mit dem Werk Sir Karl Raimund Poppers und dessen Wissenschafts- und Erkenntnistheorie, veröffentlicht im Buch „Objektive Erkenntnis", zu beschäftigen begann. Ich benütze für diese kurze rudimentäre Erörterung des von Popper aufgeworfenen Erkenntnisproblems bzw. seiner Theorie über „Lernen ohne Induktion" die Ausführungen (teils nur inhaltlich, teils wörtlich) aus Hans Joachim Störig „Kleine Weltgeschichte der Philosophie" (Fischer, Frankfurt am Main 1987) bzw. im Original zitiert aus Karl R. Popper „Ausgangspunkte. Meine intellektuelle Entwicklung."(Hoffmann und Campe, Hamburg 1982)

Im 10. Kapitel (S. 56ff) seiner „Ausgangspunkte" befasst sich Popper unter dem Titel „Ein zweiter Exkurs: Dogmatisches und kritisches Denken. Lernen ohne Induktion" mit den Problemen wirklicher und nachhaltiger Erkenntnis und leitet ein mit der überaus wichtigen Theorie des österreichischen Nobelpreisträgers Konrad Lorenz auf dem Gebiet der tierischen Verhaltungsforschung, welche dieser „*Prägung*" nennt. Daraus sei eine signifikante These zitiert.

„*Der Lernprozess hängt nicht von Wiederholungen ab, obwohl er eine gewisse Zeit in Anspruch nimmt und die Aktivität des Organismus oft eine gewisse Anstrengung erfordert. (Die Theorie des nicht auf Wiederholung beruhenden Lernens kann als selektiv oder darwinistisch bezeichnet werden, während die Theorie des induktiven oder repetierenden Lernens eine Theorie des instruktiven Lernens ist.)*"

Obwohl Popper Konrad Lorenz zwar flüchtig, aber ursprünglich in keiner Weise dessen Prägungstheorie gekannt hatte, war sie doch vager Inhalt einer ähnlichen Vermutung, was er wie folgt beschreibt:

„*Ich sah diese Methode der Bildung von Theorien als eine Methode des Lernens auf Grund von Versuch und Irrtum an. Wesentlich ist, dass jeder der verschiedenen Versuche eine Theorie (eine Erwartung, eine Vermutung) ist … So meine ich nicht einen zufallsartigen Versuch.*"

Und weiter:

„*Es ist nicht der Versuch, sondern nur die kritische Methode der Ausmerzung der Fehler, die uns n a c h dem Versuch erkennen lässt, ob er ein Treffer war oder nicht; das heißt, ob er einigermaßen erfolgreich war, das unmittelbare Problem zu lösen …*"

Popper unterscheidet demnach zwischen drei wichtigen Lernprozessen, von denen er den ersten als grundlegend betrachtete:

1. *Lernen im Sinne der Entdeckung von Regelmäßigkeiten: (dogmatische) Aufstellung von Theorien oder Erwartungen oder von regelmäßigem Verhalten, kontrolliert durch (kritische) Ausschaltung von Fehlern.*
2. *Lernen durch Nachahmung.*
3. *Lernen durch „Wiederholung" oder durch „Übung".*

Ich möchte mich nicht eingehend mit der Erkenntnistheorie von Poppers „Lernen ohne Induktion" beschäftigen. Als ich aber zum ersten Mal damit konfrontiert wurde, stellte ich nur verwundert fest, dass diese sowohl in meiner Ausbildung als auch noch Jahrzehnte lang in den Lehrplänen ignoriert wurde. Kein einziger meiner mit Pädagogik befassten Lehrer nannte jemals den Namen Popper. Erst in den Neunzigerjahren wurden als „alternative Lernformen" der „problemorientierte Unterricht" und der „Projektunterricht" in den Lehrplan aufgenommen.

Das in meiner Schulzeit praktizierte Lernen durch Induktion ließ keine Fehler zu. Sämtliche schulischen Tätigkeiten sollten möglichst fehlerfrei vonstatten gehen. Das galt sowohl für die formale Sprache als auch für die Inhalte, für die schriftlichen Arbeiten, aber auch für kreative und körperliche Tätigkeiten. Ich kann also zumindest von mir sagen, dass der Unterricht und die daraus resultierenden Leistungsfeststellungen ausschließlich auf die Vermeidung von Fehlern bzw. zur Befriedigung und auf den subjektiven Geschmack der Lehrenden (z. B. Aufsatzinhalte oder bildnerische Arbeiten) ausgerichtet waren. Ich kann mich nicht daran erinnern, dass meine bildnerischen Produkte jemals eine explizite Anerkennung bei meinem Zeichenlehrer fanden. Er gab mir als Note immer kommentarlos ein *Befriedigend* – eine schlechtere gab es bei ihm sowieso nicht – und ich war, wie aus dem Zensurbegriff herauszulesen ist, damit zufrieden.

Eine mögliche Alternative zum Lernen durch Induktion hatte mein Interesse erweckt und ich begann in meinem Unterricht damit, fallweise komplexe Probleme in den Raum zu stellen. Den ersten Versuch startete ich in einer vierten Klasse und das Problem hieß „Skiurlaub einer vierköpfigen Familie". Ein Ehepaar mit zwei schulpflichtigen Kindern möchte einen Skiurlaub in Österreich verbringen und hat dafür ein bestimmtes Budget zur Verfügung. Die Ausrüstung setzten wir als vorhanden voraus, es ging ausschließlich um die Aufenthaltsart (Vollpension, Halbpension, Frühstückspension) und um den Aufenthaltsort sowie alle notwendigen und gegebenenfalls zusätzlichen Ausgaben an Ort und Stelle wie z. B. die Liftbenützungskosten. Die Kinder sollten nun unter Berücksichtigung der vorgegebenen finanziellen Mittel eine Wintersportwoche mit ihrer Familie planen.

Ursprünglich wollte ich den Schülern die einschlägigen Prospekte selbst zur Verfügung stellen. Doch nicht einmal das tat ich, sondern ich überließ ihnen auch alle Organisationsarbeiten, welche zur Lösung des Problems nötig waren. Als Sozialform wählte ich die Partnerarbeit, d. h. jeweils zwei Schüler bearbeiteten gemeinsam die gestellte Aufgabe für ihre Familie. Da es damals noch keine Mobiltelefone (Handys) und auch kein Internet gab, stellte ich allen das Schultelefon zur Verfügung, sodass sie bei den Fremdenverkehrsverbänden der Skiorte oder auch bei diversen Reisebüros das nötige Werbematerial inklusive Preislisten anfordern konnten, welches innerhalb weniger Tage zuhauf eintraf. Ich war erstaunt, aber nicht überrascht von der begeisterten Betriebsamkeit, mit welcher alle an die Arbeit herangingen und passable Lösungen fanden. Einige machten mit ihren Eltern sogar einen Sonntagsausflug zum gewählten Ziel, um sich an Ort und

Stelle noch genauer zu informieren. Gut ein Jahrzehnt später war alles viel einfacher, da für die Schüler bereits genügend Computer mit Internetanschluss bereitstanden.

Da ich im Bezirk Referent für Mathematikmethodik und damit auch Mitglied der Landesarbeitsgemeinschaft für Mathematik war, stellte ich diese mannigfaltige Problemstellungen beinhaltende Lernform auch im Rahmen von Lehrerfortbildungsveranstaltungen vor. Das Echo darauf und die Akzeptanz waren, wie zu erwarten, unterschiedlich: von begeisterter Zustimmung bis zur strikten Ablehnung. In den Köpfen der meisten Lehrer war noch der an der praktischen Anwendung orientierte pragmatische Rechenunterricht existent: Zuerst wurden die Grundrechenoperationen vermittelt, dann wurden sie im sogenannten Sachrechnen angewendet, wobei die Problemstellung immer eng gefasst und eindeutig war. Spekulieren, Raten, Überschlagen, Probieren, Schätzen oder Suchen anderer Lösungswege durch die Schüler waren verpönt, da sie für die Lehrer zu viele Fehlerquellen beinhalteten und auch zu zeitaufwendig erschienen. Außerdem hatten viele mit dem erhöhten Lärmpegel, welcher die gemeinsame Arbeit mehrerer Schüler naturgemäß verursachte, keine Freude.

Selbstverständlich musste auch bei mir jeder Schüler die Grundrechnungsoperationen beherrschen. Aber auch hier gab es vom Lehrer initiierte methodische Möglichkeiten, die Ergebnisse nach dem von Popper vertretenen Prinzip *trial and error* (Versuch und Irrtum) durch die Schüler mehr oder weniger selbst entdecken zu lassen.

Dass es durchaus denkbar und möglich ist, solche Lösungswege wirklich selbst zu finden, möge das im Folgenden geschilderte Erlebnis zeigen. Wir waren drei Freunde, welche in unmittelbarer Nachbarschaft im Dorf lebten und auch dieselbe, nämlich die zweite Volksschulklasse, besuchten. An einem lauen Frühlingssonntag heiratete die Tochter der Nachbarsbauersleute, und das war Anlass, nach den damaligen Bräuchen von der gesamten Bevölkerung entsprechend ausgiebig gefeiert zu werden. Natürlich waren alle Dorfbewohner auf den Beinen und trugen das Ihre zur Festtagsfreude bei.

Für uns Kinder war so ein Ereignis die seltene Gelegenheit, das Taschengeld aufzufetten, indem wir vor alle mit grünem Reisig geschmückten offenen Pferdekutschen ein Hanfseil spannten. Zwei von uns hielten dabei die Tauenden, während einer sich die Weiterfahrt durch einen entsprechenden Obolus abgelten ließ. Dabei kam einiges an Münzgeld zusammen: Doppelschillinge, Einschillingstücke, die Fünfzigergroschenmünzen, aber auch die silbrig glänzenden Zehngroschenstücke. Mit den armseligen grauen Fünf-, Zwei- oder gar Eingroschenmünzen hatten wir verständlicherweise keine allzu große Freude, doch auch diese ergaben, wie sich später herausstellen sollte, eine erkleckliche Summe, denn auch Kleinvieh macht Mist. Nachdem der lange Wagenkonvoi vorbeigezogen war und die Insassen ihre fällige Maut erstattet hatten, wurde von uns dreien die zu unserer vollsten Zufriedenheit ausgefallene Geldsumme eruiert. Dabei wurden aus den jeweils gleichen Münzen Türme aufgestapelt, je Turm die Stückzahl festgestellt, um daraus die Gesamtsumme zu bestimmen. Das konnten wir durch den täglichen Umgang mit Geld ja schon recht gut. Doch unser großes Problem bestand darin, das Geld unter uns dreien gerecht aufzuteilen.

Wir saßen auf einem trockenen, ebenen Wegstück und vor uns standen die Münztürme. Doch das Dividieren, das Teilen des Betrages in drei gleichmächtige Mengen, wie es später mathematisch korrekt heißen sollte, hatten wir noch nicht gelernt. Das Erlernen der vier schriftlichen Grundoperationen Addieren, Subtrahieren, Multiplizieren und das besonders schwierige Dividieren waren und sind auch heute erst das Unterrichtsziel der dritten Klasse. Meine beiden Freunde meinten, wir sollten das Geld am besten von unseren Eltern aufteilen lassen. Diese Idee war mir ganz und gar nicht sympathisch, denn als bester Schüler der Klasse wollte dies mein Ehrgeiz nicht zulassen. Außerdem wollte ich verhindern, dass meine Mutter erfuhr, wie viel Geld durch unsere Aktion zusätzlich in meine Taschen geflossen war.

Da hatte ich aus heiterem Himmel einen Geistesblitz: Ich teilte jedem von uns so oft einen Doppelschilling zu, bis jeder gleich viele hatte. Einer blieb übrig, und der sollte noch zu einem Problem werden. Den legte ich vorerst auf die Seite. Dann kamen die Einschillingstücke an die Reihe; von diesen blieb keines zurück. So wurden jedem nach und nach alle Münzen zu gleich vielen Stücken zugeteilt. Doch nicht bei allen gleichen Münzen gelang dies, ohne dass ein ärgerlicher Restposten geblieben wäre. Vor allem der verwaiste Doppelschilling war das Problem. Denn darauf einfach zu verzichten, so weit war es mit unserer Freundschaft auch nicht her, und irgendwo in unseren Köpfen saß bereits der alte Römerspruch „*pecunia non olet*" (Geld stinkt nicht). Da kam mir wahrscheinlich auch wieder von oben herab die erlösende Erleuchtung, quasi ein zweiter Geistesblitz. Ich sah nämlich, dass ebenfalls zwei Fünfziggroschenmünzen im Restkuchen geblieben waren, tauschte von meinem Anteil den Problem-Doppelschilling in vier Fünfzigergroschen um und legte diese dort dazu. Jetzt hatten wir sechs „Fünfzigerl" und diese konnten problemlos gerecht zugeteilt werden. Da nun einmal der Stein der Weisen entdeckt war, war die Zuteilung der verbliebenen Groschenrestposten kein Problem mehr. Ein einzelnes Eingroschenstück blieb zu unserem Leidwesen noch unverteilt und dafür fiel auch mir keine Lösung ein. Nachdem auf Wunsch meiner beiden Klassenkameraden – ganz trauten sie meinem Verteilungssystem nicht – mein zu Rate geholter Onkel die gerechte Aufteilung unseres schwer verdienten Lohnes bestätigt hatte, riet er uns, den verbliebenen Groschen bei der nächsten Sonntagskollekte in der Kirche in den Klingelbeutel zu werfen.

Wieso gerade mir so spontan dieser Lösungsweg des Teilungsproblems in gleichmächtige Mengen eingefallen war, kann ich nicht erklären. Möglicherweise hatte sich in mir irgendwann einmal so etwas wie ein mathematisches Grundverständnis entwickelt. Die meisten Kinder werden im Laufe ihres Entwicklungsprozesses bereits im Vorschulalter immer wieder mit mathematischen Problemen konfrontiert, welche sie hantierend lösen lernen. Wir hatten in unserer Kindheit noch keine Lernspiele, wie sie heute in Mengen durch die Spielzeugindustrie angeboten werden. Außerdem gab es auf dem Land noch lange nach dem Krieg keine Kindergärten. Unsere beliebtesten Spiele in der Vorschulzeit waren das „Kreuzerpecken" und das „Kugerlzwicken".

Aufgabe der Schule ist es, Spielsituationen zu schaffen – auch Unterricht genannt –, diese in geplante Bahnen zu lenken und so mathematisches Grunddenken zu fördern. Schon der Schweizer Erkenntnistheoretiker Hans Aebli stellte in seinem Werk „Der handlungsorientierte Mathematikunterricht" fest, dass jeder mathematischen Grundoperation eine entsprechende Handlung vorausgegangen sein sollte. Er setzte damit die Erkenntnisse von Jean Piaget um, welcher drei Stadien der *Entwicklung des mathematischen Denkens* formulierte:
- *präoperatives Stadium (2. bis 6. Lebensjahr)*
- *Stadium konkreter Operationen*
- *Stadium formaler Operationen*

Neue Mathematik („Mengenlehre"), die grosse Verweigerung durch die Grundschullehrer

Um ein mathematisches Grundverständnis sowie ein neues mathematisches Denken in den Schülern zu verankern und den pragmatischen Rechenunterricht zu ergänzen und zu erweitern, wurde Anfang der Siebzigerjahre die Neue Mathematik – von den Lehrern, Eltern und Schülern nicht korrekt „Mengenlehre" genannt – im Lehrplan festgeschrieben. Diese hatte für die Lehrer keinen vermeintlichen „praktischen" Wert und wurde vornherein abgelehnt. Der Hauptgrund dieser Ignoranz war aber meines Erachtens, dass für die Mehrheit die neue Sichtweise geistig nicht nachvollziehbar war. Mit anderen Worten gesagt: Für viele war die Neue Mathematik völliges Neuland und zu viele waren auch nicht bereit, sich damit auseinanderzusetzen, weil sie darin keinen praktischen Nutzen für das Leben sahen. Die Ablehnung der neuen Inhalte war somit vorprogrammiert. Diese verstärkte sich noch, als die neuen Lehrbücher erschienen und die mathematische Orientierungslosigkeit der Lehrer spätestens bei den Beispielen für die dritte Klasse begann. Dazu kam noch die methodische Hilflosigkeit bereits ab der ersten Klasse, obwohl genügend Arbeitsgemeinschaften und Seminare auf die neue Materie vorbereiteten. Ich möchte hier nicht tiefer auf das Wesen der Neuen Mathematik und den Umfang, in welchem sie laut Lehrplan hätte vermittelt werden sollen, eingehen, doch zwei Beispiele mögen zeigen, wie schwer sich manche Volksschullehrer mit der neuen Materie taten:

Die neuen Mathematikbücher waren bereits aufgelegt und auch schon im Handel. Einige Autoren konzipierten sie völlig neu, andere – vor allem der Marktleader R. Schön – integrierten die von den Lehrern nur noch als „Mengenlehre" bezeichneten Inhalte in ihre bisherigen Lehrbücher. Diese waren bei allen am beliebtesten, war der gewohnte Rechenunterricht doch noch zum Großteil unangetastet geblieben und die Neue Mathematik nur zusätzlich eingeschoben. Dass jede Rechnung eine Gleichung darstellt, war vielen Lehrern nicht bewusst. Das Ergebnis schien fast ausschließlich rechts vom „Ist gleich"- Zeichen ($3+4=7$ oder $5.10=50$ oder $52+27-13=66$ etc.) auf und ermöglichte logischerweise nur eine einzige Lösung. Folglich wurde von den Lehrern auch nur ein Lösungsweg angeboten und nur dieser eine akzeptiert. Die beliebten analogen Rechengesetzchen dienten zwar der Wiederholung und Festigung, auf die Notwendigkeit der reversiblen Rechenvorgänge wurde aber viel zu wenig Wert gelegt.

In der Neuen Mathematik wurde neben neuen Termini die Ungleichung mit den neuen Zeichen > (ist größer) und < (ist kleiner) eingeführt. Außerdem neue Begriffe wie „natürliche Zahlen", „natürliche Zahlen mit 0", „gerade Zahlen" und „ungerade Zahlen", „Platzhalter", „Lösungsmenge (L)", „Schnittmenge" etc. Es ergeben sich bei Ungleichungen folgerichtig meistens mehrere Lösungen, eine sogenannte Lösungsmenge L, für die in der Problemdarstellung ein „Platzhalter" in Form eines Leerzeichens (meistens Kreis oder Quadrat oder Unterstrich) vorgesehen ist. Die gesamte Lösungsmenge wird dann unter oder neben der Rechnung auf eine Zeile geschrieben.

Ein einfaches Beispiel für die zweite Klasse möge dies verdeutlichen:

*Welche **natürlichen, ungeraden** Zahlen gehören auf den Platzhalter?*
*Schreibe die Lösungsmenge L folgender Ungleichung auf die Zeile **daneben**!*
30 > ____ + 17   L: 1, 3, 5, 7, 9, 11

Das nächste Beispiel müssten die Schüler der dritten, auf jeden Fall aber die der vierten Klasse lösen können, in welcher das Einmaleins einwandfrei und sicher beherrscht werden sollte.

*Welche Vielfachen von 7 **(natürliche Zahlen mit 0)** sind kleiner als die Summe der Zahlen 47 und 16? Schreibe die Ungleichung auf und die Lösungsmenge L **darunter**!*
____ . 7 < 47 + 16
L: 0, 1, 2, 3, 4, 5, 6, 7, 8,

Beide Aufgaben legte ich den Lehrern in einer Konferenz vor, aber nicht jeder konnte diese korrekt entsprechend der Aufgabenstellung lösen. Die älteren hatten schon Probleme mit der mathematischen Terminologie und den Symbolen, und fast alle ignorierten die Adverba „daneben" bzw. „darunter", obwohl sie im Text hervorgehoben waren.

In diesem Beispiel wurde auch die Null ins Spiel gebracht, deren Erarbeitung der Lehrplan ab der ersten Klasse im Addieren und Multiplizieren vorsah. Nicht aber im Subtrahieren und Dividieren. Damit hatte eine nicht etwa der älteren Generation zugehörige Lehrerin – übrigens die autoritärste und in der Schule von den Kindern alles andere als geliebt – ihre fachspezifische Not. Einige Tage vor einer meiner regelmäßigen Hospitationen hatte sie gerade die „leere Menge Null" eingeführt und sich methodisch dazu auch einiges im haptischen Bereich einfallen lassen. Auch im Heft wurde mit der Null bereits tagelang fleißig gerechnet. In ihrer Unkenntnis der Lehrplanbestimmungen machte sie auch vor dem Dividieren nicht Halt, wobei das Teilen einer leeren Menge durch eine Zahl für die Kinder eventuell noch darstellbar und damit verständlich gewesen wäre. Aber als sie daraus auch noch schloss, dass j e d e Z a h l durch Null geteilt auch Null ergeben müsse, konnte ich es mir nicht verkneifen, sie sarkastisch zu fragen, ob sie einmal eine Matura bestanden habe und sich vielleicht noch an ihren Mathematikunterricht erinnern könne. Jede Zahl dividiert durch Null ergebe meines Wissens nämlich u n e n d l i c h .

Allmählich stießen auch einige Eltern, welche mathematisch höher vorgebildet waren, bei der Durchsicht der Mathematikhefte ihrer Kinder auf diese fachliche Inkompetenz und die Mütter verbreiteten den Lapsus dieser auch bei den Eltern nicht beliebten Lehrerin bei ihren vormittäglichen Kaffeekränzchen genüsslich in der ganzen Kleinstadt. Ich erhielt deswegen einige nicht gerade schmeichelhafte Anrufe mit der Aufforderung, meine Lehrer besser zu schulen.

Diese Unsicherheiten die neuen Lehrplanforderungen im Gegenstand Mathematik betreffend zeigten sich in allen Volksschulen, sodass es sowohl bei Seminaren, die ich organisierte bzw. in denen ich selbst referierte, als auch bei allen Gesprächen unter Lehrern zu massiven Protesten und zur Ablehnung der neuen Lehrplanforderungen kam. Einer der Oberignoranten bezeichnete die Inhalte, welche ich im Rahmen einer Mathematik-Arbeitsgemeinschaft für die Lehrer des Bezirkes in meinen methodischen Anleitungen und Hilfestellungen vortrug, wörtlich als „Quiz- und Rateveranstaltung". Diese hätten nichts mit Mathematik zu tun und gehörten deshalb auch nicht in einen echten Rechenunterricht der Volksschule, sondern in Kuhlenkampfs Fernseh-Quizsendung.

Der Protest der Mehrzahl der Volksschullehrer gegen die Neue Mathematik war so massiv und beständig, dass sie so klammheimlich, wie sie in den Lehrplan und damit in die Mathematikbücher gelangt war, auch wieder daraus verschwand. Ich bedauerte dies sehr, ließ mich aber nicht abhalten, immer wieder Inhalte der „Mengenlehre" und auch nicht sachbezogene Beispiele in den

Mathematikunterricht einfließen zu lassen. Für die besseren und interessierten Mathematiker in der Klasse gab es bei den Schularbeiten immer ein kniffliges zusätzliches mathematisches oder ein oben angeführtes „Mengenlehre"-Beispiel, welches zu lösen nicht verpflichtend war.

Die folgenden mathematischen Beispiele für die Schüler schon ab der dritten Stufe mögen dies verdeutlichen:

Bilde aus den Ziffern 3, 6 und 9 alle möglichen Zahlen und dividiere die Summe dieser Zahlen durch 9! Wie heißt der Quotient?

Wie müssten folgerichtig die nächsten drei Zahlen dieser Zahlenreihe heißen? 1, 2, 4, 7, _____ , _____ , _____

Wie groß ist die Summe der Ziffern aus dem Produkt von 6. 8?

Von welcher Zahl zwischen 30 und 40 ergeben die Ziffern die Summe 9?

Ich wollte damit neben der Forcierung folgerichtigen Denkens auch den Gebrauch einer exakten mathematischen Terminologie erreichen. Die Kinder nahmen das begeistert auf und auch die Eltern waren nach anfänglicher Unsicherheit und Skepsis gegenüber dem doch etwas anderen, ungewohnten Mathematikunterricht durchaus positiv eingestellt. Durch lustige Rätselbeispiele, an deren Lösung zu Hause auch die Eltern knabbern sollten, versuchte ich den Rechenunterricht aufzulockern, sodass für viele Schüler dieser Gegenstand zu einem ihrer liebsten wurde.

DER AMERIKANISCHE „SPUTNIKSCHOCK" BESCHERTE UNS DEN STRENG GEPLANTEN LERNZIELORIENTIERTEN UNTERRICHT

Nachdem die damalige Sowjetunion am 5. Oktober 1957 den ersten künstlichen Erdsatelliten erfolgreich in den Weltraum katapultiert hatte und bald danach unter anderem mit der Polarhündin Laika auch das erste Lebewesen zu Forschungszwecken für sechs Tage auf die Erdumlaufbahn schickte, war dies für die USA-Wissenschaftler ein regelrechter Schock, welcher die Amerikaner und – mit einigen Jahren Verzögerung – auch die gesamte westliche Welt veranlasste, ihr Schulsystem zu überdenken und umzustellen.

Im deutschen Beltz Verlag erschien im Jahre 1965 das von Robert F. Mager verfasste Leitbuch für einen zielorientierten Unterricht unter dem originalen amerikanischen Titel „Preparing Instructional Objektives". Im deutschen Sprachraum wurde das Werk unter dem Titel „Lernziele und Unterricht" 1975 veröffentlicht und war Richtlinie für die Erstellung handlungsorientierter Curricula. D. h. jeder Lehrer hatte seine Zielbeschreibung so zu formulieren, dass er genau *„benennt, was Lernende tun oder ausführen können sollen, wenn sie zeigen, dass sie ein Unterrichtsziel beherrschen"* (vgl. Mager, Seite 23). Weiters: *„Eine Zielbeschreibung bezeichnet ein beabsichtigtes Ergebnis von Unterricht – es beschreibt nicht den Ablauf des Unterrichts"* (vgl. Seite 5). Grundtenor des Buchinhaltes ist: *„Wer nicht genau weiß, wohin er will, braucht sich nicht zu wundern, wenn er ganz woanders ankommt."*

Sofort wurden lokale Arbeitsgruppen gebildet und Seminare auf Landesebene angeboten, um dem neuen Trend zu genügen. Ich leitete im Bezirk die Abteilung für Mathematik in der Grundschule und wurde auch in die Landesarbeitsgemeinschaft für diesen Gegenstand berufen. Wir suchten dabei meistens in Gruppenarbeit – wie auch die Mitglieder der Gruppen für andere Gegenstände – nach möglichst vielen konkreten Tätigkeitsbegriffen, die eine größtmögliche Anzahl von Entscheidungen über den

Unterrichtserfolg boten. Jedes Können und jede Fertigkeit musste durch ein entsprechendes Verbum exakt ausgedrückt sein. Es machte mir großen Spaß und ich erarbeitete neben dem Kanon für konkrete Erfolgstätigkeiten für Mathematik auch solche für Leibesübungen an der Grundschule. Das war sicher am leichtesten, da Turnen fast ausschließlich auf ein bestimmtes Tun und damit auf Erlernen von Fertigkeiten ausgerichtet ist.

Trotzdem überkamen mich gerade in diesem Gegenstand die ersten Bedenken und Zweifel, denn der Lehrplan sieht u. a. neben der körperlichen Ertüchtigung auch die Lehrinhalte für gesunde Ernährung und Körperhygiene vor, welche eine Evaluierung obsolet erscheinen ließen. Außerdem waren sich die Ernährungswissenschaftler zu keiner Zeit wirklich einig, was gesund ist oder nicht.

Dasselbe galt für alle affektiven Lehrziele, deren erfolgreiche Umsetzung durch die Schüler erst Jahre und Jahrzehnte später ersichtlich sein können. Wie kann ich nach Verlassen des Schulhauses oder später überprüfen, ob ein Kind sein Zuckerlpapier oder Jahre danach als Erwachsener den Zigarettenstummel oder die Trümmerl seines Hundes an richtiger Stelle entsorgt? Die Schule wurde mit dieser Art von handlungsevaluiertem Unterricht wieder zur Qualifikationsinstanz (Ausbildungsanstalt) und zur Selektionsinstanz (Ausleseanstalt), wie sie H. Oblinger in seiner „Theorie der Schule", Auer-Verlag, Donauwörth, beschreibt. Die Schule als Bildungsinstanz, in welcher es um die *„Förderung des Einzelnen um seiner selbst willen, seiner besonderen Möglichkeiten und Anlagen und um die Vorbereitung auf das Leben als Mensch"* (Vgl. Oblinger, Seite 52) geht, wurde und wird noch heute sträflich vernachlässigt.

Die Folgen sehen wir heute noch in der von den Politikern praktizierten, von Technokraten und der Finanzlobby einseitig und dadurch schlecht beratenen Schulpolitik. Persönlichkeitsbildende Fächer wie Musikerziehung, Bildnerische Erziehung und Leibesübungen werden zugunsten von naturwissenschaftlichen und kaufmännischen reduziert. Im Musikland Österreich gibt es in vielen berufsbildenden höheren Schulen keinen Musikunterricht mehr und der Gegenstand Leibesübungen ist dort auf eine Stunde vermindert. Philosophie und Psychologie werden nur in den letzten zwei Klassen der allgemeinbildenden höheren Schulen für zwei Wochenstunden angeboten. Diese Gegenstände sind als so wichtige „*Hilfe bei der Menschwerdung der Jugend*" (Vgl. Groothoff 1964; Seite 74) in Österreich – aber auch in vielen EU-Ländern – kein wesentlicher Bildungsauftrag mehr.

Der Unterricht der letzten Jahrzehnte bis heute: kopflastig, unter sträflicher Vernachlässigung des körperlichen Persönlichkeitsbereiches – kaum Änderung in Sichtweite

Die Olympischen Spiele 2012 in London werden für die österreichischen Teilnehmer in Zukunft an Erfolglosigkeit nicht mehr zu überbieten sein, denn keine einzige Medaille zierte die Brust unserer Athleten. Bald war natürlich ein Schuldiger gefunden: der mangelhafte Turnunterricht in den Schulen. Nach und nach meldeten sich die sogenannten Experten und vor allem die nach Populismus gierenden Politiker und forderten unter den jetzigen Bedingungen völlig realitätsfern die tägliche Turnstunde an den Schulen. In den meisten – kleineren – Volksschulen wäre dies ohne Weiteres möglich, in der Neuen Mittelschule und im Gymnasium jedoch bei der derzeitigen Schulorganisation, aber auch der mangelnden Infrastruktur (Turnsäle, Sportareale wegen zu kleiner Schulliegenschaften vor allem in den Städten) undenkbar.

Aber auch in den größeren Volksschulen mit hohen Schülerzahlen in den Klassen wäre die tägliche Turnstunde eine Illusion, da ein Zusammenziehen von zwei Klassen ineffektiv wäre. Nehmen wir nur einmal eine größere Volksschule mit zwölf Klassen und nur einem Turnsaal, denn mehrere stehen kaum einer Grundschule zur Verfügung. Die Klassenräume der neueren Schulgebäude sind mit einer Fläche von durchschnittlich 50 Quadratmetern und einer Raumhöhe von maximal drei Metern zum Turnen ungeeignet, da ja auch noch Tische, Stühle und anderes Mobiliar vorhanden sind und auch das Sauerstoffvolumen für intensiveren Sport zu gering wäre. Daher ist ein Klassenzimmer lediglich für kürzere Gymnastikeinheiten geeignet. In den warmen Monaten könnte man bei gutem Wetter im Schulhof turnen. In Portugal ist es zum Beispiel, bedingt durch die milde Witterung, durchaus möglich, in allen Monaten draußen den Turnunterricht abzuhalten, wie ich dies dort bei meinen Winteraufenthalten gesehen habe. Die großen Schulhöfe sind alle überdacht und bieten so Schutz vor dem Regen. Ein Schutz vor Kälte ist nicht notwendig. Außerdem sind die Kinder von n e u n bis s e c h z e h n Uhr in der Schule; ebenso die Lehrer! Hier in Österreich wäre ein Turnen im Freien in höchstens drei Monaten möglich, und nur dann, wenn es nicht regnet. Demnach ist bei uns ein Turnunterricht für die größeren Volksschulen in den übrigen Monaten nur dann durchführbar, wenn ein Turnsaal für 60 Stunden in der Woche zur Verfügung stünde. Dies bedeutete aber kein Hindernis, wenn man zwei Klassen zusammenzöge. Bei Klassen mit geringeren Schülerzahlen wäre dies durchaus praktikabel.

Die beste Lösung wäre wahrscheinlich jedoch die Einführung einer ganztägigen Schulform, wie sie bereits in vielen Ländern praktiziert wird. Dagegen sträuben sich aber bereits jahrzehntelang genau dieselben – in erster Linie rechten –Politiker, welche halsstark, populistisch und völlig inkompetent nach der Medaillenpleite von London die tägliche Turnstunde forderten. Vor allem in den Schulen nach der Grundschule ist bei der derzeitigen Schulorganisation die Durchführung einer täglichen Leibesübungseinheit ohne Ganztagsunterricht reine Utopie.

Ich möchte mich aber in den folgenden Ausführungen mit dem Unterricht in Leibesübungen in der Volksschule befassen und ausführen, wie ich in meinen Klassen die tägliche Turnstunde mit meinen Schülern bereits jahrzehntelang annähernd praktiziert habe. Der Lehrplan gibt uns bereits impliziert (Ausgewogenheit der Bildungsbereiche) die Aufforderung dazu und die *Verordnung des Unterrichtsministeriums zum Kurzturnen* auch explizit, nur werden diese verbindlichen Vorgaben von den meisten Lehrern beharrlich ignoriert. Der Volksschullehrplan sieht als allgemeines Bildungsziel folgendes vor: Ich zitiere wörtlich. „*Dabei soll den Kindern eine grundlegende und **ausgewogene** Bildung im sozialen, emotionalen, intellektuellen und **körperlichen** Persönlichkeitsbereich ermöglicht werden.*" Weiters existiert seit gut dreißig Jahren eine Verordnung des Bundesministeriums für Unterricht und Kunst über das *mehrmalige Kurzturnen* im Laufe des Vormittags.

Ich musste leider während meiner gesamten Dienstzeit feststellen, dass die Lehrplanforderung nach Ausgewogenheit im körperlichen Bereich kaum erfüllt wurde und weder Lehrern noch Eltern ein Anliegen war. Auch die Schulaufsichtsbehörde kümmerte sich nicht darum. Wichtig war, dass den Kindern möglichst viel Wissen eingetrichtert wurde und somit der kognitive, intellektuelle Bereich ausreichend abgedeckt war. Die Kopflastigkeit im Unterricht war für die Bildungskriterien wichtig und vorrangig wie eh und je. Bildung ist auch heute in der österreichischen Schule und im Bewusstsein der Menschen noch immer gleichbedeutend mit der Anhäufung von formalem Wissen. Außerdem haben die Lehrer der Hauptschulen – ab nun *Neue Mittelschule* genannt – und vor allem die auf dem Land abgehobenen Gymnasiallehrer die größte Freude mit den im Wissensbereich trainierten Schülern.

Die beiden erwähnten und verbindlichen Vorgaben im Lehrplan und in der Verordnung über das mehrmalige Kurzturnen hätten es jedem gewillten Volksschullehrer vom Gesetz her ermöglicht, im Durchschnitt über einen längeren Zeitraum diese tägliche Turnstunde zu realisieren. Dass sie mit ein bisschen Fantasie und Organisationsgeschick durchführbar ist, ist unbestreitbar, denn ich kam im Mittelmaß gesehen sicher auf diese Turnzeit mit meinen Schülern. Wie ich das praktizierte, möchte ich nachstehend schildern.

Prinzipiell fing jeder Schultag mit einem ca. fünfzehnminütigen bewegungsintensiven Singspiel inklusive Morgengymnastik an. Platz war genug in dem 60 m² großen, nur knapp mehr als zur Hälfte mit Tischen und Sesseln ausgefüllten Klassenraum. Außerdem betrug in diesem klimatisch angenehmen alten Schulgebäude die Raumhöhe in idealer Weise über vier Meter. Es war also genug Frischluft da, die sich nach dem regelmäßigen Kurzturnen durch kurzes Schocklüften bald erneuerte. Bei schönem und warmem Wetter begann der Einstieg in den täglichen Unterricht bereits im Schulhof.

Außerdem hielt ich die laut Stundentafel vorgeschriebenen, wöchentlichen Turn- aber auch Musikstunden sowie die in Bildnerischer Erziehung penibel ein. Jede dieser die Persönlichkeit bildenden und die Kreativität fördernden Einheiten wurde nachgeholt, wenn sie in einer Woche durch einen unterrichtsfreien Tag ausgefallen war. Außerdem war deren Integration durch das Prinzip des ganzheitlichen Unterrichts sowie auf Grund der bereits erwähnten Unterrichtsprinzipien in die völlig unpassend und irreführend benannten Hauptfächer gesetzlich bindend vorgeschriebenen.

Ich ermunterte die Lehrer auch immer wieder, mit den Kindern für einige Minuten in den schönen, großen Pausenhof zu gehen, um sie dort durch ein bewegungsintensives, kurzes Spiel aufnahmefähiger für die kognitiven Gegenstände zu machen. Vor allem in der ersten und zweiten Schulstufe können sich die Kinder für eine gesamte Schulstunde von 50 Minuten nicht konzentrieren. Leider nahmen viele Lehrer dieses Angebot nicht an, denn für sie war das Diktat der Lehrstoffvermittlung wichtiger.

Um noch einmal auf den Bewegungs- und Leibesübungsunterricht zurückzukommen, möchte ich auf die zusätzlichen Möglichkeiten hinweisen, welche ich den Schülern zu deren großer Freude bot. Die eine zusätzliche und für alle Schüler der Schule zur freiwilligen Teilnahme vorgesehene Turnstunde hielt ich selber. Diese diente vor allem zur Vorbereitung auf das alljährliche Fußballturnier im Bezirk, welches unser Schulteam einige Male gewann. An diesem „Training", wie es meine begeisterten Sportler gerne nannten, nahmen auch zunehmend Mädchen teil. Einige schafften es sogar in die begehrte Meisterschaftsmannschaft.

Leider ließen sehr oft Lehrer vor allem die Leibesübungs- und Musikstunden – letztere aus Abneigung und Inkompetenz – entfallen, wenn sie laut Stundenplan auf einen schulfreien Tag fielen. Da konnte es schon vorkommen, dass ich als Schulleiter die Lehrer der Schule nicht gerade freundlich auf diesen Missstand aufmerksam machte, sehr bestimmt auf die gesetzlichen Bestimmungen verwies und deren Durchführung auch kontrollierte.

Auch war es leider gar nicht so seltene gängige Praxis, die Turnstunden zu Gunsten anderer Gegenstände zu kürzen oder als Strafe für minder erbrachte Leistungen und als kollektive Disziplinierungsmaßnahme sogar entfallen zu lassen. Ein weiterer häufiger Missstand war das Anziehen der Turnkleidung sowie das Wiederankleiden der Tageskleidung prinzipiell während der Turnzeit. Damit ging gut eine Viertelstunde kostbare Zeit für Bewegung verloren. Bei den gelegentlichen Kontrollen konnte ich zu meinem völligen Unverständnis und Unmut auch beobachten, dass einige oder gar alle Kinder minutenlang regungslos still auf dem Boden sitzen mussten, weil sie nach der von mir vom Lehrer geforderten Begründung für diese völlig unpädagogische und daher inakzeptable Maßnahme im Turnsaal zu laut tobten. Für solche Erziehungsmethoden hatte ich nie Verständnis und meine entsprechenden Ermahnungen und Weisungen führten auch – oft nur widerwillig – zur Abstellung dieser Praktiken. Trotzdem hatte ich immer das Gefühl, dass einige Lehrer mit meiner Einstellung und meinen Forderungen nie echte Freude hatten und ihre entsprechenden Verpflichtungen auf das noch akzeptierbare Minimum reduzierten.

So wurden auch einige Geräte – vor allem das Reck und der Barren – des im Jahre 1989 neu errichteten und bestens ausgestatteten Turnsaales kaum benützt. Begründet wurde dies mit der Schwierigkeit bei der Geräteaufstellung. Dies hätte aber kein Hindernis für die Nichtbenützung bedeuten müssen, denn der Schulwart hatte sich bereit erklärt, jederzeit zu helfen. Auch ich stand dazu meistens zur Verfügung.

Eine weitere Maßnahme meinerseits zur Erfüllung der Lehrplanforderung nach einer ausgewogenen Bildung im körperlichen

Persönlichkeitsbereich war die Intensivierung des Schwimmunterrichts für alle Kinder der Schule, welche von den meisten Lehrern begrüßt und auch durchgeführt wurde. Ich erlaubte allen, in den zwei letzten Wochen des Schuljahres täglich nach der zweiten Stunde in das nahe gelegene Schwimmbad zum Schwimmunterricht – nicht zum Baden! – zu gehen, wenn es die Witterung ermöglichte. Den zwei Lehrerinnen, welche sich diesen Unterricht mangels eigenem Schwimmkönnen nicht zutrauten, bot ich an, selbst mitzukommen oder riet ihnen, geeignete Mütter oder Väter mitzunehmen, sodass die Sicherheit der Kinder jederzeit gewährleistet war. Weiters initiierte und förderte ich nach Legalisierung sogenannter Projektwochen durch das Schulunterrichtsgesetz die Durchführung einer Schwimm- und Wanderwoche für die vierten Klassen, sodass mit ganz wenigen Ausnahmen alle Schüler der Schule als Schwimmer in die weiterführenden Schulen entlassen werden konnten. Auch auf die vom Österreichischen Roten Kreuz vorgegebenen Bedingungen zur Erreichung der Leistungsstufen „Pinguin", „Freischwimmer" und „Fahrtenschwimmer" wurde hingearbeitet und alle Schüler absolvierten zumindest eine der genannten Leistungskategorien.

Mit zwei Sechsermannschaften für den Pinguincup trainierte ich im Winter an Samstagen im Hallenbad Feldbach, da während der Schultage zu viele Schüler das Bad bevölkerten. Zweimal konnte die Schule diesen Preis gewinnen und zu den Landesmeisterschaften fahren. Dies war für alle teilnehmenden Wettkämpfer insofern ein Erlebnis, da sie die international bekannten Schlagersänger *Brunner und Brunner* kennenlernten und zu ihrer übergroßen Freude auch Autogramme erhielten.

Auch in der kalten Winterzeit konnten zwei Sportarten ausgeübt werden, und zwar das Eislaufen und das Skifahren. Der Eisschützenverein legte, sobald die Temperaturen tief genug waren, neben seinen Bahnen zum Eisstockschießen auch eine Eisfläche für den Publikumslauf an, welche die Schüler der Pflichtschulen am Vormittag auf Kosten der Stadtgemeinde unentgeltlich benützen durften. Diese Gelegenheit zum Eislaufunterricht wurde von allen Lehrern zur Freude der Kinder gerne wahrgenommen. Für die Kinder, welche keine Schlittschuhe besaßen, kaufte ich zur leihweisen Benützung aus dem Schulbudget eine entsprechende Anzahl in verschiedenen Größen an. So konnten alle Kinder auch an diesem Unterricht teilnehmen.

Anfangs in unserer ebenen, völlig hügellosen Region von vielen Bewohnern belächelt – es grassierten etliche Witze über dieses Projekt –, ließ die Stadtgemeinde mit dem im Laufe von Jahren angefallenen Abbruchmaterial alter Gebäude einen Ski- und Rodelberg errichten. Ein Gastwirt organisierte und betrieb sogar einen Babylift, welcher vormittags von den Schulkindern und am Nachmittag von allen – sogar Erwachsenen – gegen eine angemessene Gebühr frequentiert wurde. So kamen auch unsere Flachlandkinder zu einem regelmäßigen Skiunterricht. Dieser wurde von den Eltern sehr geschätzt, denn sie konnten mit ihren Kindern in den Skiurlaub fahren, ohne sie in eine teure Skischule schicken zu müssen. Außerdem lernten sie die Benützung eines Skiliftes.

Wie zu sehen ist, konnte die ominöse und derzeit mit viel politischem Getöse diskutierte tägliche Turnstunde zumindest in den Volksschulen auch schon Jahre zuvor durchaus legitim praktiziert werden, wenn dies die Lehrer wollten und dazu die entsprechende Phantasie entwickelten. Wichtig war aber, dass ich als Schulleiter dahinterstand und die entsprechenden Initiativen unterstützte. Und dies in vielerlei Hinsicht: Ich musste ihnen in der zeitlichen Gestaltung ihres Unterrichts vertrauen und die nötigen Freiräume gewähren, welche durch den Lehrplan auch ermöglicht waren, da es sich bei diesem um einen inhaltlich weitgesteckten Rahmenlehrplan und nicht um ein einengendes Curriculum handelte. Ich war als Schulleiter auch gefordert, die notwendigen Ressourcen zu organisieren.

Dabei hatte ich mit den in den Schulausschuss gesandten Vertretern der eingeschulten Sprengelgemeinden immer großes Glück. Und da diese Delegierten zum Vorsitzenden des Schulausschusses, dem auch noch ein Lehrer und die Vertreter der Konfessionen angehörten, den Vizebürgermeister – einen Bauunternehmer – wählten, hatte ich den Vorteil, einen sachverständigen und für meine Wünsche aufgeschlossenen Fachmann an meiner Seite zu wissen. Ich verstand mich bestens mit ihm und er setzte meine schulischen Anliegen im Gemeinderat auch ausnahmslos durch. Leider verunglückte er bei einem Verkehrsunfall tödlich. Aber auch die späteren Vorsitzenden sowie alle übrigen Gemeindevertreter hatten immer ein offenes Ohr für meine Wünsche für die Schule.

Ich führte immer alle Mitglieder des Schulausschusses vor Sitzungsbeginn durch das Schulhaus und zeigte ihnen auch die mit den bewilligten Geldern angekauften Lehr- und Lernmittel. So konnten in den folgenden Jahren einige bedeutende Vorhaben wie der Bau einer modernen Turnhalle und auch die Gesamtrenovierung des Schulgebäudes realisiert werden. Nicht unerwähnt lassen möchte ich die Adaptierung eines Computerraumes mit 15 Rechnern als eine der ersten Schulen des Bezirkes.

Im Zuge des Turnsaalneubaues wurde trotz Widerstandes in der Bevölkerung die Neugestaltung des Schulgartens genehmigt. Durch weitgehende Entfernung der arbeitsintensiven Blumenbeete wurde die Rasenfläche wesentlich vergrößerte und stand nun ohne Hindernisse den Schülern auch in den Pausen zur freien Bewegung zur Verfügung. Als ich auch noch eine Laufbahn und eine Sprunggrube sowie eine fix montierte Gerätereihe aufstellen ließ, deren Einzelteile die Schüler selbst aussuchen durften, war dem Bewegungsdrang unserer Schulkinder keine Grenzen mehr gesetzt.

Wie sehr der musische und motorische Bildungsbereich von vielen Lehrern und auch der Schulbehörde vernachlässigt wurde, möchte ich ergänzend zu den beiden letzten Kapiteln noch anführen. Die meisten traditionellen, bezirkseigenen und alljährlich abgehaltenen Schulveranstaltungen und Vergleichskämpfe fanden immer seltener und in den letzten Jahren überhaupt nicht mehr statt. So gab es seit den neunziger Jahren keinen Leichtathletikwettkampf und Hindernisbewerb für die Volksschulen des Bezirkes mehr, und auch der Pinguincup (Staffelwettbewerb im Schwimmen) wurde in letzter Zeit nicht mehr organisiert. Sogar der einstmals beliebte Fußballcupbewerb wurde von immer weniger Schulen beschickt.

Das im Abstand von drei Jahren von den Kindern der Volks- und Hauptschulen, aber auch den Eltern sehr geschätzte und von ausnahmslos allen Pflichtschulen mit mindestens einem Schulchor beschickte Bezirksjugendsingen litt mehr und mehr an Teilnehmermangel. Es fanden sich nämlich immer weniger Lehrer, welche den Gegenstand Chorgesang unterrichten wollten. Die meisten waren dazu leider auch nicht fähig. Außerdem wurde die Chorstunde aus Einsparungsgründen einfach von der Stundentafel gestrichen.

Der berühmte österreichische Dirigent Nikolaus Harnoncourt wies in einer Eröffnungsrede anlässlich der Salzburger Festspiele darauf hin, wie stiefmütterlich der Musikunterricht im Musikland Österreich behandelt werde. Er beklagte die mangelhafte Ausbildung vor allem der Volksschullehrer und dass die Schüler nach Beendigung ihrer Schulpflicht kaum ein Lied auswendig zu singen imstande seien. In den Familien werde nicht mehr gesungen, weil die Schule den Generationen schon seit Jahrzehnten kein gemeinsames Liedgut mehr vermittle.

DIE ERSTELLUNG EINES SCHULLEITBILDES – OHNE GRAVIERENDE ÄNDERUNG DER STRUKTUREN UND EINE REFORM DER PFLICHTSCHULLEHRERAUSBILDUNG EIN WERTLOSES STÜCK PAPIER

Gegen Ende meiner Berufszeit nach der Jahrtausendwende geriet die politische Diskussion angesichts des eingangs erwähnten PISA-Desasters völlig außer Kontrolle und wurde vor allem von den Parteien nur noch ideologisch-emotional geführt. Allen voran sträubten sich die konservativen Politiker und die von ihnen beherrschte und vereinnahmte Lehrergewerkschaft gegen alle von der Unterrichtsministerin initiierten Innovationen, weil diese von der linken Reichshälfte kamen, und verhinderten somit alle Strukturreformen. Schwerpunkte der Veränderungen sollten eine ganztägige Schulform und die Einführung einer gemeinsamen Schule der zehn- bis vierzehnjährigen Schüler sein. Als einzige Missgeburt konnte eine in *Neue Mittelschule* umbenannte Hauptschule das spärliche Licht der österreichischen Bildungswelt erblicken. Dieser neue Schultyp mit den alten Inhalten und Zielsetzungen wurde von der völlig uninformierten Bevölkerung gerade noch auf dem Lande wahrgenommen. In den größeren Städten dominierte weiterhin die Langform des Gymnasiums, nicht zuletzt deshalb, weil die meisten an den Universitäten ausgebildeten Magistri(ae) keine Freude daran hatten, gemeinsam mit den nichtakademischen Hauptschullehrern an derselben Schule zu unterrichten. In ihrer diesbezüglichen Weigerung wurden und werden sie auch derzeit noch von der Gewerkschaft unterstützt. Die Pädagogischen Akademien wurden zwar in Pädagogische Hochschulen umbenannt, doch war das bis dato nur ein von den Gymnasiallehrern gering geschätzter und nicht akzeptierter Formalakt. Ob sich die neue Lehrerausbildung in Zukunft bewähren wird, steht in den Sternen.

Ich möchte mich aber in meinen nächsten Betrachtungen wieder mit der Grundschule befassen, welche ich nach der Jahrtausendwende altersbedingt verließ, wobei ich die Hysterie ob der frustrierend schlechten PISA-Ergebnisse in den Anfängen aber noch miterlebte und in den folgenden Jahren bis jetzt weiter verfolgte und noch immer versuche, schulpolitisch gut informiert zu sein.

Als erste schulamtliche Maßnahme zur Hebung des Bildungsniveaus unserer Schüler wurden wir Schulleiter angewiesen, gemeinsam mit den Lehrern ein für ihre Schule maßgeschneidertes Schulleitbild zu erstellen. Darin sollte vor allem festgehalten sein, welche Unterrichtsschwerpunkte mittelfristig gesetzt und auch regelmäßig evaluiert werden sollten. Gemäß des im Lehrplan formulierten *Allgemeinen Bildungszieles* sollten neben der Behebung der in der genannten OECD-Studie nachgewiesenen Leseschwächen vor allem die die Persönlichkeit bildenden Fächer forciert werden. Was in der Schule noch an weiteren Prioritäten beabsichtigt werden könnte, sollte in diesem Leitbild auch schriftlich der Schulaufsichtsbehörde vorgelegt werden.

Von mir erhielt meine vorgesetzte Dienststelle diesbezüglich trotz wiederholter Urgenz keine Zeile. Diese Weigerung möchte ich nachstehend begründen:

Nach dem Wechsel von meiner geliebten Landvolksschule mit ihren vier Klassen musste ich in der neuen, größeren Schule feststellen, dass für die meisten eingesessenen Lehrkräfte das Unterrichten ein Job mit zeitbegrenzter Tätigkeit in der Schule war und ein zusätzliches Engagement von mir nur von den Jüngeren in Betracht gezogen und erwartet werden konnte. Außerdem war außer dem nur noch wenige Jahre unterrichtenden Kaplan und mir als Schulleiter neben gut einem Dutzend Frauen lediglich eine männliche Lehrperson tätig. Mein Bestreben und meine Intention waren es, wie es in der kleinen Schule so nebenbei und ohne umfangreiche hinderliche administrative Vorkehrungen möglich gewesen war, meinen neuen Wirkungsbereich ebenso nach den Schwerpunkten Sport und Musik auszurichten. Dazu hätte ich aber die notwendigen personellen „Ressourcen" an fachspezifisch kompetenten Lehrern gebraucht: wenigstens je zwei Musikpädagogen mit Beherrschung eines Instrumentes und praktischmethodischer Kompetenz im Einsatz von Orff-Instrumenten. Auch sollten sie einen Schülerchor leiten können. Weiters wäre neben mir noch eine weitere Lehrkraft für einen möglichst umfassenden und auf die Volksschule bezogenen intensiveren Turnunterricht vonnöten gewesen. Doch die Realität war eine ernüchternde und die Situation verschlechterte sich Jahr für Jahr.

Anfänglich waren für einen Schwerpunkt Musikerziehung mit Instrumentalmusik sogar drei höchst kompetente Lehrerinnen an der Schule tätig. Jene beiden nämlich, welche bei mir, wie schon erwähnt, sehr engagiert ihr Ausbildungspraktikum absolviert hatten. Zusätzlich noch meine Frau, die Musikerziehung und Instrumentalmusik sehr erfolgreich an ihrer ersten Dienststelle unterrichtet hatte und neben dem Schulchor auch noch den Singkreis der Gemeinde leitete. Doch mit einem Schlage stand mir für den angestrebten Schulschwerpunkt Musik nur noch meine Frau zur Verfügung, da trotz meiner Urgenz bei der Schulbehörde eine der geeigneten engagierten Lehrerinnen als Jüngste wegen des Verlustes einer Klasse die Schule leider verlassen musste und die zweite wegen einer schweren Lungenoperation – es musste ihr ein Lungenflügel entfernt werden – das Singen nur mehr sehr eingeschränkt unterrichten konnte. Da meine Frau in Pension ging, waren ein Chor- und Flötenunterricht sowie ein intensiverer Musikunterricht für die gesamte Schule schwerpunktmäßig mit nur mehr einer geeigneten Lehrkraft nicht mehr möglich.

Den Schwerpunkt Leibesübungen betreffend war es ähnlich. Für die regionalen Sportveranstaltungen und -wettkämpfe bereitete ich die Schüler vor und hätte weiters eine junge, sportbegeisterte und vor allem gute Schwimmerin zur Seite gehabt. Sie musste als jüngere Vertragslehrerin einer älteren, pragmatisierten Lehrerin weichen, welche sich um deren Dienstposten beworben hatte und diesen durch entsprechende Protektion von höherer Stelle aus auch bekam. Für meine geplante Schwerpunktschule für Sport und Musik war diese wegen der Inkompetenz sowohl in musikalischer als auch in sportlicher Hinsicht nicht einsetzbar. Sie konnte, wie sich später herausstellen sollte, nicht einmal selbst sicher schwimmen. Der einzige Mann, der in der Schule unterrichtete, zeigte kein Interesse an einem intensiveren Sportunterricht und fiel daher von vornherein für das geplante Projekt aus. Außerdem lehnte er es kategorisch ab, die Schüler außerhalb der gesetzlich festgelegten Unterrichtszeit ohne finanzielle Abgeltung zu den im Laufe eines Schuljahres stattfindenden Wettkämpfen zu begleiten. Dies war auch sein gutes Recht, da eben das Lehrersein im Laufe der Jahre von einer durch Ideale geprägten Berufung zu einem bloßen Job mutiert war.

So verlor ich innerhalb kurzer Zeit den Großteil der für meinen Plan zur Schaffung einer Volksschule mit Musik- und Leibesübungsschwerpunkt vorgesehenen und gewillten Lehrerinnen und konnte dagegen nichts unternehmen. Deshalb forderte ich schon in den Siebzigerjahren, was jetzt – vierzig Jahre später angesichts der PISA- und Sportpleiten – von einigen weiter blickenden Bildungsexperten und wenigen aufgeschlossenen Politikern urgiert wird, nämlich die Auswahl des Lehrerteams durch den Schulleiter. Doch daran war damals nicht zu denken und es wird auch in nächster Zukunft nicht Realität werden, weil sich die fest im Sattel sitzenden Lehrer jedem Dienstortwechsel widersetzen und durch die Gewerkschaft mit allen Mitteln unterstützt werden. Ich musste die herrschenden Gegebenheiten frustriert zur Kenntnis nehmen und verweigerte folglich die Erstellung des geforderten Schulleitbildes.

Mit dieser Insubordination, die verständlicherweise von meinen vorgesetzten Dienstbehörden nicht goutiert wurde, wollte ich protestierend zum Ausdruck bringen, dass es in Österreich keiner einzigen maßgeblichen Instanz wirklich ernstlich um die längst fällige Veränderung der Bildungslandschaft vom Kindergarten bis zur Hochschule geht. Bis auf einige kleine, halbherzige Korrekturen geschah in den letzten Jahrzehnten nichts Wesentliches und Nachhaltiges.

Wie soll es weitergehen? Ein Blick in die Zukunft

Das Problem des Repetierens und meine Forderung nach Abschaffung der Schulnoten an der Grundschule

Jahrzehnte lang wird schon die herkömmliche Leistungsbeurteilung in Ziffern als in den Köpfen aller Beteiligten – Lehrer, Schüler, Eltern – in Stein gemeißelte, unverzichtbare und quasi unabänderliche dogmatische Maxime des schulischen Geschehens diskutiert. Ich beziehe meine folgenden Ausführungen ausschließlich auf die erste bis vierte Schulstufe, obwohl die derzeit praktizierte Beurteilung in Noten auch an den höheren Stufen zu hinterfragen wäre.

In der gängigen Literatur zur Praxis der Leistungsbeurteilung der Schüler werden u. a. a) die Funktion der Bewertung sowie b) die Kriterien dieser Bewertung ausführlich dargestellt.

Die Aufgaben können demnach mannigfaltig sein: Die Note als Informationsinstrument soll die Eltern der Schüler, aber auch diese selbst über Quantität und Qualität des im Lehrplan geforderten und vom Lehrer vorbildlich vermittelten Wissens und Könnens informieren. Durch die Überprüfung der Schülerleistung sollte – der Konjunktiv ist hier angebracht – ein Lehrer auch Aufschluss darüber erhalten, ob sein Unterricht erfolgreich war und möglichst viele Schüler den neuen Lerninhalt verstanden haben. *Schließlich könnten* (wieder ein Konjunktiv, eig. Anm.) *Überprüfungen des Lernerfolges auch ein Spiegelbild des Lehrerfolges und damit der Lehrfähigkeit des Lehrers sein.* (Hermann Doblinger, Theorie der Schule, Verlag Ludwig Auer Donauwörth 1979, Seite 93)

Das heißt, dass die Noten unmittelbar von den methodischen und pädagogischen Fähigkeiten des Lehrers abhängen und die Qualifikation der Schüler in jedem Fall damit korreliert. Es ist für jeden Schüler demnach ein unausweichliches Fatum, welchen Lehrer er bekommt. In den Städten kann meistens die Schule – und damit auch der Klassenlehrer – gewechselt werden, auf dem Land ist dies nicht möglich, da Sprengelpflicht besteht und die vielen Kleinschulen keine Parallelklassen führen. Ich habe meinen Lehrern immer wieder vor Augen geführt, dass sie eine Dienstleistung für die Gesellschaft erbringen und kaum ein Schüler seinen Dienstleister wählen kann. Er ist diesem auf Gedeih und Verderb ausgeliefert. Jeder Erwachsene, und damit auch jeder Lehrer, kann sich seinen Frisör, seinen Arzt, sein Geschäft usw. aussuchen und auch wechseln, wenn er sich nicht entsprechend behandelt fühlt.

Als weitere Funktion wird der Note in allen Schultypen die Motivationsfunktion zugedacht: Die Note – vor allem die negative – solle dazu dienen, im Schüler eine größere Leistungsbereitschaft zu entwickeln. Generationen von Lehrern hielten und halten bis heute an dieser mehr als fragwürdigen Praxis fest. Auch ich war von dieser in der Lehrerschaft weitverbreiteten Ansicht in den ersten Jahren meiner Dienstzeit felsenfest überzeugt, war ich doch erst kurz einem Schulsystem entronnen, für das diese Meinung kategorische war. „Das *Sehr gut* für den lieben Gott und mich, das *Gut* und *Befriedigend* für die besten und die übrigen Beurteilungsstufen für die restlichen Schüler", so lautete der Imperativ der vielen von sich eingenommenen Lehrer. Mit dem Hinweis auf die Gauß'sche Normalverteilung fühlten sie sich auch noch bestätigt und achteten sogar darauf, dass für ihre Beurteilung diese Theorie ja immer Gültigkeit erlangte.

Mir gab diese These aber zu denken und ich kam für mich zum Schluss, dass besserer Unterricht und damit verbunden erfolgreicheres Lernen, was ja Veränderung zum Besseren bedeuten sollte, die Erfolgskurve nach links verschieben müsste. In weiterer Folge schloss ich, dass es eigentlich kein *Nicht genügend* geben sollte und damit auch kein Repetieren. Und bessere Schulerfolge müssten zustande kommen, wenn Schüler positiven Motivationen wie Anerkennung und Lob statt schlechten Noten ausgesetzt sind. Und ein Repetieren in der Grundschule fand ich überhaupt demotivierend und kontraproduktiv.

Ich konnte die Lehrer meiner Schule für meine Vorstellungen gewinnen und darf noch heute in meinem Ruhestand darauf stolz sein, dass in den 25 Jahren meiner Schulleitung kein Schüler der Schule eine Klasse wiederholen musste. Es sei denn, die Eltern wollten dies für ihr Kind nach gründlicher Aussprache mit dem Klassenlehrer aus einem triftigen Grund, wie z. B. nach längerer Krankheit des Kindes oder auch durch psychische Destabilisierung auf Grund negativer familiärer Verhältnisse und Vorkommnisse. Im Schulorganisationsgesetz sind für eine freiwillige Wiederholung eindeutige Kriterien festgelegt. Leider feierte nach meiner Pensionierung und Neubesetzung der Schulleitung das sogenannte „Sitzenbleiben" wieder fröhliche Urstände.

Ein weiteres Problem für mich war die Ziffernbenotung in der Grundschule überhaupt. Allein die Leistungsbeurteilungskriterien in der Verordnung des Bundesministeriums sind für die Volksschule so unpädagogisch, dass diese nur Juristen verfasst haben können, beraten durch sogenannte Experten und abgesegnet durch eine völlig inkompetente Ministerin. Leider Gottes ist die Ziffernbenotung, welche kaum etwas aussagt, in den Köpfen vieler Generationen zum Kulturgut geworden und erweist sich als völlig resistent gegen die Ausrottung. Ich möchte nochmals betonen, dass ich meine Bedenken gegen jegliche schriftliche Beurteilung – sowohl in Ziffern als auch verbal – ausschließlich für die ersten vier Schuljahre äußern möchte, da ich bis auf einige wenige Jahre nur in einer Grundschule unterrichtet habe. Und diese Bedenken bis hin zur strikten Ablehnung haben Gründe.

Jede Beurteilung sollte den Kriterien der Objektivität (Sachlichkeit, auch Gegenteil von Subjektivität), Validität (Gültigkeit) und Reliabilität (Zuverlässigkeit) entsprechen. Dies gilt für alle Lebenssituationen, in denen ein Mensch beurteilt wird. Und jede Beurteilung ist auch gleich eine Verurteilung, welche Konsequenzen unterschiedlicher Art nach sich ziehen kann. Ich will jetzt nicht über die Unmöglichkeit der praktischen Umsetzung der oben genannten Kriterien durch die Lehrer auf allen Schulstufen bis hin zur Matura argumentieren, sondern zu bedenken geben, dass in der heutigen Schule, die leider vorwiegend Selektionsinstanz ist, für Kinder zwischen dem sechsten und zehnten Lebensjahr und auch bei den Eltern jede Note jenseits des *Gut* bereits als negativ erscheint und daher demotivierend ist. Auch eine verbale Beurteilung lehne ich ab, da in der Praxis dasselbe geschieht wie einst bei der Schülerbeschreibung. Da gab es auch ein beliebtes Standardwerk, welches für die Lehrer gut verwendbar zahllose Ausformulierungen enthielt, welche mit mehr oder weniger Treffsicherheit für die Schüler wortwörtlich übernommen wurden.

Die erste Beurteilung durch Noten (Ziffern bis 5) schlage ich für ein Grundschuljahreszeugnis zum Abschluss der vierten Schulstufe der Volksschule vor. Zuvor sollte es das ganze Schuljahr über einen regen, oftmaligen persönlichen Kontakt zwischen Lehrern und Eltern mit Erfahrungsaustausch über die kognitive, physische, emotionale und soziale Entwicklung der Schüler geben. Bei Notwendigkeit sollten fallweise auch die Kinder zu solchen Gesprächen miteinbezogen werden. Die derzeit übliche Praxis der Elternsprechtage und Sprechstunden, welche zu oft auf Grund von Supplierungsverpflichtungen entfallen, hat sich nicht bewährt.

Eine entsprechende Diskussion über die von mir vor Jahren vorgebrachten und jetzt veröffentlichten Vorschläge findet derzeit zwischen den beiden Regierungsparteien und in der Öffentlichkeit statt. Als gelernter Österreicher muss ich befürchten, dass die Debatte ohne Ergebnis wieder sanft entschlafen wird.

Einige Vorschläge zur grundlegenden
Umgestaltung der Organisation
der österreichischen Schullandschaft
sowie der Dienstzeit der Lehrer

Es ist mir bewusst, dass ich mit den folgenden Ausführungen ein Terrain betrete, welches von keiner kompetenten Stelle ernstlich Beachtung finden wird, und dass ich selbst darauf politisch nicht den geringsten Einfluss habe. Trotzdem will ich die Schau, die Vision ohne Notwendigkeit einer dadurch fälligen Augenarztbehandlung, auf ein mögliches, gar nicht so utopisches, weil in anderen Ländern bereits erfolgreich erprobtes und vor allem ideologiefreies Schulsystem wagen. Diese Betrachtungen betreffen alle zur Matura führenden allgemeinbildenden Schulen. Ausgenommen sind die berufsbildenden höheren Schulen, da ich diese betreffend über keine auf Eigenerlebnissen basierende Erfahrung verfüge.

Eine Bemerkung sei auch dem vorschulischen Bereich vorangestellt. Es ist in der derzeitigen gesellschaftlichen Situation auch unseres Landes, wo viele Mütter, aus welchen Gründen auch immer, einem regelmäßigen Einkommenserwerb nachgehen wollen oder müssen, unausweichlich, die Versorgung und Behütung der Kleinkinder im ausreichenden Maße durch die Gebietskörperschaften Staat, Land oder Gemeinden zu ermöglichen. Und zwar flächendeckend durch Tagesmütter, in Kinderkrippen etc. Weiters soll für jedes Kind ab dem vollendeten dritten Lebensjahr die Möglichkeit eines Kindergartenbesuches bestehen, was derzeit in einigen Bundesländern großteils schon der Fall ist. Hier müsste vor allem auf den Erwerb und das Reifen sozialer Kompetenzen Wert gelegt und körperliche, musisch-kreative und kognitive Bildung in spielerischer Form angebahnt und gefördert werden. Erst im Jahr vor dem Eintritt in die Volksschule sollte, worüber sich die Regierung bereits weitgehend einig ist, für a l l e Kinder der Besuch einer Vorschulstufe verpflichtend sein. Und zwar müsste diese auf den Einstieg in das Schulleben notwendige Vorbereitung meines Erachtens durch ein obligates Kindergartenjahr unter besonderer Berücksichtigung der Grunderfordernisse (Basiskompetenzen) zum Besuch der Grundschule stattfinden. Als Hauptziele wären die Sprachförderung und Maßnahmen zur Reifung im sozialen Verhalten der Kinder in Erwägung zu ziehen. Dazu scheint mir der Kindergarten geeigneter zu sein als eine der Grundschule vorangestellte Vorschulklasse, weil dort die Integration von Kindern mit einer anderen Muttersprache als Deutsch früher und dadurch besser angebahnt werden könnte. Um eine Gettobildung, wie sie schleichend in den Schulen der größeren Städte mit Auswahlmöglichkeit mangels festgelegter Schulsprengel stattgefunden hat, zu verhindern, wäre ein Pflichtkontingent an Kindern mit fremder Muttersprache aufzunehmen, wie es der Immigrationssituation entspricht.

Ab dem vollendeten sechsten Lebensjahr könnten die Kinder ohne Ausnahme mit einer ihrem Alter entsprechenden curricularen Form von Unterricht unter Beibehaltung des Gesamtunterrichtsprinzips konfrontiert werden, und das in einer durch das verpflichtende Vorschuljahr weitgehend leistungshomogeneren Stammklasse, als es bisher der Fall ist. In dieser wäre auch die Integration geistig und/oder körperlich behinderter Schüler für den Klassenlehrer und eine zusätzlichen Betreuung leichter zu bewerkstelligen. Damit würde sicher ein tragfähigeres Fundament für einen planmäßigen Unterricht geschaffen, als es sich bisher darstellt.

Zur Integration vor allem geistig – nicht aber körperlich – schwerstbehinderter, bildungsunfähiger Schüler möchte ich eine persönliche Meinung äußern, obwohl mir bewusst ist, dass sie von den derzeit einflussreichen Pädagogen und damit auch Psychologen und Soziologen nicht goutiert und meine Haltung als unsozial disqualifiziert werden könnte.

Die Integration g e i s t i g s c h w e r s t b e h i n d e r t e r Kinder hat sich nach meiner bisherigen Erfahrung als nicht zufriedenstellend für alle Beteiligten erwiesen: weder für die erhofften pädagogischen Ziele für diese betroffene Schülergruppe selbst noch für die der nicht behinderten Schüler. Aber auch für sehr viele Lehrer blieben die hochgesteckten idealen und humanen Erwartungen weitgehend aus und die vorhandene Empathie minimierte sich bald. Wie weit die euphorisch erhoffte und erwartete positivere Persönlichkeitsentwicklung der betroffenen Schüler gefördert werden konnte, ist und wird auch in Zukunft nicht evaluierbar sein.

Dass aber zu viele Lehrer nach längerer Tätigkeit in einer alle Schüler umfassenden Integrationsklasse ein großes Potential an Arbeitskraft einbüßten, ist erfahrungsgemäß keinesfalls zu bestreiten. Die hohe Zahl der Frühpensionen zeugt von einer großen Zahl von Burn-out-Geschädigten. Ich bin nach wie vor für die Integration behinderter Schüler in eine Normalklasse, aber nicht um jeden Preis und ohne Vorbehalte. Über die Lösung dieses Problems müsste einmal ernstlich und ohne Tabus diskutiert werden. Ich möchte nur zu bedenken geben, dass vor allem geistig schwerstbehinderte Erwachsene auch später in den alltäglichen Arbeitsprozess nicht eingegliedert werden können, sondern für sie geschützte Arbeitsplätze und Heime mit entsprechender Betreuung geschaffen wurden, wo sie auch von pädagogisch geschultem Facharbeiterpersonal betreut werden (z. B. Jugend am Werk, Lebenshilfe usw.). Eine gesonderte Betreuung geistig schwerstbehinderter Schüler in entsprechenden Heimstätten durch pädagogisch kompetentes und psychisch belastbares Personal wäre für alle Beteiligten optimaler als die derzeitige Integrationspraxis.

Der nach dem verpflichtenden Vorschuljahr folgende Unterricht sollte durch entsprechend gut ausgebildete Lehrer – meine Vorstellungen über die zukünftige Pflichtschullehrerausbildung werde ich noch ausführlich darlegen – acht Jahre lang in einer für alle Schüler gemeinsamen Pflichtschule stattfinden. Der Name dieser Schule (vorschlagen würde ich *Grundschule* für die Sechs- bis Zehnjährigen und *Mittelschule* für die Elf- bis Vierzehnjährigen) ist nicht von Bedeutung, wohl aber die Neuerung, dass sie in einer ganztägigen Form geführt werden müsste. Über die Art und Weise der endgültigen Durchführung – auch über eine sicherlich notwendige mittägliche Verpflegung – ist eine entsprechend ausführliche und vor allem ideologiefreie Diskussion zu führen. Es könnte die Entscheidung darüber den Schulen selbst unter Einbeziehung der Eltern- und Lehrermeinungen überlassen werden. Der Gemeinde oder anderen Schulerhaltern stünde naturgemäß eine wichtige Entscheidungskompetenz zu, denn wer die finanziellen Mittel bereitstellt, sollte auch entsprechend mitbestimmen können. Eine die sozialen Umstände berücksichtigende Beteiligung der Eltern am monetären Aufwand für das Mittagessen wäre sicherlich zumutbar.

Auch eine s p ä t e r e B e g i n n z e i t des täglichen Unterrichts vor allem für die Schüler der Grundstufe I (erste und zweite Schulstufe) wäre überlegenswert, da die jetzige für die Kleinen erwiesenermaßen zu früh ist. Alle Kinder, welche früher in die Schule kommen, da ihre Eltern berufsbedingt frühzeitig aus dem Haus müssen, könnten sich in einem Klassenraum bzw. im Tunsaal oder in der Garderobe unter entsprechend organisierter Aufsicht aufhalten. Diese würde durch die Eltern oder den Schulwart, aber auch durch einen Lehrer erfolgen, welcher eine sinnvolle Tätigkeit initiieren und unterstützen könnte.

Die beste Lösung wäre wohl eine grundlegende Änderung des bestehenden Lehrerdienstrechtes mit Anwesenheitspflicht im Ausmaß von wöchentlich 35 Stunden a 60 Minuten für a l l e Lehrer, und zwar täglich ab sieben Uhr dreißig. Diese Forderung stellte ich bereits vor zig Jahren als Schulleiter, als ich selbst zusätzlich zur immer aufwändiger werdenden Administrationsarbeit auch noch unterrichtete und eine Klasse zu führen hatte. Es war sehr oft nicht möglich, bei kurz vor Unterrichtsbeginn überraschend telefonisch gemeldeter Dienstunfähigkeit eines Lehrers dessen Klasse zu besetzen, wenn andere wegen des Religions- oder Werkunterrichtes erst später mit dem Unterricht beginnen mussten. Eine Anwesenheitspflicht aller ab der ersten Schulstunde hätte eine Supplierung ermöglicht. So jedoch musste ich entweder zwei Klassen zusammenziehen oder eine Stillarbeit anordnen und diese von der Lehrkraft der Nachbarklasse bei offenen Klassentüren überwachen lassen.

Ich weiß, dass die Lehrergewerkschaft diese geforderte längere Verweildauer in der Schule kategorisch ablehnt. Mit der fadenscheinigen Begründung, dass für Vorbereitungs- und Korrekturarbeiten in vielen Schulen keine entsprechenden Arbeitsplätze vorhanden seien. In den von mir geleiteten Schulen hätte dies nirgends ein Problem dargestellt, da immer eine geeignete Räumlichkeit zur Verfügung gestanden wäre und ich jedem Lehrer eine in technischen Belangen (PC mit Internetanschluss, Scanner und Drucker, Kopiergerät) bestens ausgestattete Arbeitsstätte bieten konnte. Auch die Lehrerbibliothek war gut ausgestattet. Jeder hätte demnach alle anfallenden administrativen Arbeiten in seinen eingeplanten unterrichts- und aufsichtsfreien Zeiten im Schulhaus erledigen und zwischendurch auch kurze Kaffeepausen und Erholungsphasen einschieben können. Dazu stand eine entsprechend große und gut eingerichtete Schulküche zur Verfügung.

An einigen wenigen Volksschulen wäre die Durchführung dieser von mir geforderten Anwesenheitspflicht aus Platzmangel oder auch finanziellen Gründen vielleicht ad hoc problematischer, aber sicher nicht unmöglich gewesen. In den weiterführenden Schulen, vor allem in denen der größeren Städte, bestünden sicherlich größere Schwierigkeiten in der kurzfristigen Umsetzung der vorgeschlagenen Dienstzeitregelung für alle Lehrer. Die finanzielle Belastung der Schulerhalter wäre für das Erste vor allem wegen der Adaptierung eines geeigneten und entsprechend ausgestatteten Arbeitsplatzes für jeden Lehrer wahrscheinlich groß. Mittelfristig müssten aber bei entsprechendem politischen Willen eine zufriedenstellende und dauerhafte Lösung möglich sein und die notwendigen Ressourcen bereitgestellt werden können. Wenn Parlament und Regierung von heute auf morgen in marode Banken Milliarden Euro pumpen können und alljährlich Wählerstimmen bringende Subventionen im Gießkannenprinzip ausgeschüttet werden, wäre die eine oder andere Schulmilliarde, auf mehrere Jahre verteilt, für den darbenden Bildungsbereich wohl auch zu stemmen.

Ein weiteres, mir und vielen Lehrern sehr am Herzen liegendes Problem könnte mit der bereits erwähnten Pflichtanwesenheit aller Lehrer mit der vorgeschlagenen Zeitdauer gelöst werden und dem Lehrberuf wieder den ihm zustehenden Prestigegewinn in der Gesellschaft verschaffen. Das Ansehen der gesamten Lehrerschaft hat bei der Bevölkerung in den letzten drei bis vier Jahrzehnten – etwa seit den Achtzigerjahren –sehr gelitten.

Während regelmäßiger vormittäglicher Kaffeekränzchen vieler Mütter, aber auch bei immer wiederkehrenden Diskussionen über die Schule in den Medien wurden so manche Lehrkräfte einzeln und einige Schulen auch pauschal nicht gerade mit Lobeshymnen bedacht. Der Lehrberuf wurde verächtlich als Halbtagsjob mit überlangen Ferien bezeichnet und die sogenannten „Auspufflehrer" – Lehrer, die nach dem Unterricht die Schulliegenschaft mit ihrem fahrbaren Untersatz schneller verlassen hatten als die Schüler – kamen ob der vormittäglichen Cafebesuche und ihres Desinteresses am öffentlichen Leben der Stadt immer wieder negativ ins Gerede.

Lehrergruppen, die fast täglich bis spät in die Nacht hinein in den örtlichen Buschenschänken und Gaststätten zu sehen waren, trugen auch nicht gerade zum Ansehen ihres Berufsstandes bei und erregten bisweilen Ärgernis durch ihren permanent angeheiterten Zustand. Oft hielten sich Lehrer, wie oben schon erwähnt, immer wieder auch an Vormittagen – zwar durchaus legitim in ihrer Freistunde, dennoch aber unklug provozierend – in Lokalen oder im städtischen Schwimmbad auf, was auch des Öfteren zu öffentlich geäußerter harter Kritik führte. Nachdem eine überkluge Hauptschullehrergruppe die Kritiker durch den Anschlag ihres Freistundenplanes im Bad auch noch provozierte, kam es zur kollektiven Lehrerverachtung und vereinzelt sogar zu peinlichen Beschimpfungen und verbalen Attacken. Bereits in Vergessenheit geglaubte Lehrerwitze feierten zum Gaudium mancher Besucher der zahlreichen Wirtshausstammtische wiederum fröhliche Urständ.

Ich informierte die Lehrer meiner Schule über diese Vorfälle und riet ihnen eindringlich, das Schulgebäude am Vormittag nur im Ausnahmsfall zu verlassen. Dies wurde von allen auch strikt befolgt, sodass die Schule in der öffentlichen Meinung als Vorbild dargestellt wurde. Die Einführung einer Anwesenheitspflicht, wie sie auch für jeden Beamten und alle anderen Arbeitnehmer besteht, würde provozierende Vorfälle und Aktionen verhindern und das Ansehen der gesamten Lehrerschaft wesentlich verbessern. Leider legt sich die Gewerkschaft schon seit Jahrzehnten gegen diese Reformen quer, und derzeit (anno 2016) ist abermals eine Diskussion ohne Erfolgsaussicht im Gange.

Wie könnte es nach der gemeinsamen Schule der Zehn- bis Vierzehnjährigen (Mittelschule) weitergehen? Hier wäre erstmals eine Zäsur angebracht, vorerst quasi richtungweisend für eine mögliche Berufslaufbahn gemäß den Neigungen und der Qualifizierung dazu. Dazu böten sich alle allgemeinbildenden (Gymnasien) und berufsbildenden höheren Schulen an, welche wie bisher zur Matura führen. Weiters noch die berufsbildenden mittleren Schulen (z. B. die landwirtschaftliche Fachschule, die HaSch = Handelsschule etc.). Für alle, welche einen Beruf erlernen wollen, wäre der einjährige Polytechnische Lehrgang (PL) als zehntes Pflichtschuljahr (inkl. das für alle Kinder obligate Vorschuljahr im Kindergarten) empfehlenswert.

Die höheren Schulen sollten für alle interessierten Schüler ohne Aufnahmsprüfung offen sein, da es immer problematisch ist, sich durch eine punktuelle Leistungsfeststellung für seine gesamte weitere Schullaufbahn qualifizieren zu müssen. Die notwendige Leistung zum weiteren Besuch dieser Schulen müsste jedoch bis zum Ende des ersten Semesters durch durchwegs positive Noten in einem sogenannten Qualifikationszeugnis erbracht werden. Wer dieses Kriterium nicht erfüllt, hat die zweite Hälfte des zehnten Schuljahres im PL zu absolvieren. Es müsste jedoch die Möglichkeit bestehen, anschließend an diese Erfüllung der Schulpflicht durch ein w e i t e r e s Schulhalbjahr die Voraussetzung zum Besuch einer höheren Schule noch e i n m a l erbringen zu können.

Für alle höheren Schulen schlage ich ein Kurssystem mit einem vom Staat finanzierten Bildungsscheck vor, welcher höchstens fünf, für die berufsbildenden höheren Schulen möglicherweise sechs Jahre gelten sollte. Die Ausführung eines solchen Kurssystems müsste ausführlich diskutiert und eventuell einem Schulversuch unterzogen werden. Das Klassensystem sollte der

Vergangenheit angehören und stattdessen müssten Kurse mit Anwesenheitspflicht für eine festzulegende Wochenstundenanzahl angeboten werden. Glaubt ein Schüler, das Lernziel eines Gegenstandes für die gesamte Oberstufe erreicht zu haben, kann er in diesem Fach die Teilmatura ablegen. Genaue Ausführungsbestimmungen möchte ich hier nicht erörtern. Ich wollte lediglich einen Diskussionsanstoß für ein völlig neues System der höheren Schulen aufzeigen. Auf jeden Fall würde das leidige Problem des Repetierens gelöst sein und die Schüler hätten mehr Möglichkeiten zur Eigenverantwortung.

Auch die Finanzierung für das Studium an Fachhochschulen und Universitäten sowie für andere adäquate Studien nach der Matura könnte ähnlich erfolgen. Ist der vorgesehene Betrag aufgebraucht, ohne dass ein angestrebtes Ziel erreicht wurde, müsste die zusätzliche Ausbildungszeit in Eigenfinanzierung absolviert werden.

Der Autor

Josef Rothwein wurde im Krieg (1944) geboren, sein Vater kehrte nicht mehr zurück. Bis zu seinem zehnten Lebensjahr wuchs er auf einem Bauernhof auf; aus dieser Zeit konnte er viele Erlebnisse und Eindrücke mitnehmen. Danach lebte er neun Jahre in einem Heim. Mit 19 Jahren wurde er Volksschullehrer und nur sechs Jahre später, mit 25, Direktor. Mittlerweile ist er pensioniert und lebt mit seiner Frau fünf Monate im Winter an der Algarve in Portugal, sonst in Österreich. Sie haben zwei Söhne und zwei Töchter.

Der Autor interessiert sich für Sport, Philosophie und Reisen und betreibt viele Sportarten, z. B. Tennis und Schwimmen. Von ihm ist bereits das Anekdotenbüchlein „Der Abgeordnete" erschienen.

Der Verlag

> *Wer aufhört
> besser zu werden,
> hat aufgehört
> gut zu sein!*

Basierend auf diesem Motto ist es dem novum Verlag ein Anliegen neue Manuskripte aufzuspüren, zu veröffentlichen und deren Autoren langfristig zu fördern. Mittlerweile gilt der 1997 gegründete und mehrfach prämierte Verlag als Spezialist für Neuautoren in Deutschland, Österreich und der Schweiz.

Für jedes neue Manuskript wird innerhalb weniger Wochen eine kostenfreie, unverbindliche Lektorats-Prüfung erstellt.

Weitere Informationen zum Verlag und seinen Büchern finden Sie im Internet unter:

w w w . n o v u m v e r l a g . c o m